教授論壇叢書4

解析經濟壟斷

張清溪 編

六年國建

六年國建是否眞的就能〝國家建設〞？

有破壞才有建設，長期以來
的執政當局又眞正爲子孫建
設了什麼？

中央與地方預算

警察是人民的保姆；但在國民黨的控制下，卻與人民壁壘分明！

公黨營事業

獨占、壟斷、監控、操縱，藉著國家機器之便利，霸佔著社會多數資源，黨庫通國庫、媒體監控，加深社會不公並大開民主倒車。

政商關係

擁有了錢財利益，卻遺棄了自己生存的土地，將何以立足？

人民、政府與經濟

過客逃難的統治心態，獨裁專制的軍頭閣揆，從未對台灣長遠的建設；即使創造了前所未有的富裕景況，卻仍許多的無殼蝸牛無處可棲身！

國際經濟關係

外勞的存在是客觀的事實，產業結構的轉換，提昇也是必然的趨勢；但是地小人狹的台灣，面對一波又一波的外勞及大陸客，又是如何因應？

照片提供——謝三泰

總序

林山田

一群認同台灣主權獨立，熱愛鄉土而關心台灣前途與公共事務的專業人，在一九九〇年十二月九日組成了「台灣教授協會」，大家想要透過團體的群力，能爲百病叢生而危機重重的台灣，盡點心力，做些知識份子應該做的事。

四十幾年來，執政者濫用各級學校教育與大衆傳播工具，推展愚民政策，使全國充斥著「法盲」與「憲盲」，人民既不知也不會監督政府，只會追逐私利與物質享受，而不知透過投票來考核或改組政府，致使政府腐化無能，敢於踐踏民意，甚而魚肉人民。面對如此的客觀情勢，我們認爲不可再繼續把自己關閉在教室與研究室裡，而應走上街頭，針對適當的議題，做出和平理性而必要的抗爭，使台灣人民瞭解更多的事實眞相，以喚起民衆的覺醒，而能一起攜手共同爲台灣的前途與民主憲政而努力奮鬥。

除在街頭的各形各式的社運與演講之外，我們亦各就自己的專業，分別對於台灣的學術、文化、政治、社會、經濟、環保等等問題，提出時論，發表於自立晚報、民衆日報、自立早報、自由時報，並由本會每月彙集成册，出版《教授論壇》，廣爲流傳。爲使這些時論發揮更大的影響力，執委會決議敦請張炎憲教授策劃出版「教授論壇叢書」，就《教授論壇》第一期至第十七期中的文章，依其性質分門別類，編輯成五册問世，第一册爲《創造台灣新文化》，由張炎憲教授主編；第二册爲《知識份子與反對運動》，由林逢慶教授主編；第三册爲《台灣的永續發展》，由林意楨教授主編；第四册爲《解析經濟壟斷》，由張淸溪教授主編；第五册爲《邁向民主獨立之路》，由陳儀深教授主編。

理論與實踐，必須相互配合。理論不宜停留在空論的階段，實踐不應是輕舉妄動，而應有其理論的依據。「教授論壇叢書」的出版，除告訴台灣人民有關台灣的國家定位與認同、政治、反對運動、惡法、經濟、環保、文化、族群關係等等的問題及其解決方法之外，並且做爲實踐的理論基礎，期盼各界參考與指正。

一九九二年十月二十三日於台北市

序

林忠正

台灣教授協會成立以來，成員以理工類之教授佔最多；而專精法政或經社類的成員比例一向較低。然而，教授協會會員在經濟方面的論述卻不少，除了大家所熟悉的經濟學者之外，法政學者、理工教授以文化歷史專家的論著，也使得台灣教授協會的經濟觀不致於局限在狹義的專業經濟學領域之內，而能呈現開闊的視野，對台灣當前重大的財經經濟問題提出切中的針砭。

本輯論文內容列舉了台灣目前最大經建計劃─六年國建─的種種弊端；批判台灣中央和地方預算制度設計的缺失，甚至成為政治衝突的重要來源；揭發國民黨肆無忌憚發展的黨國資本主義，及其體制對台灣政經資源分配的踐踏和扭曲；揭發台灣地區種種不正常的政商關係；指出重大經濟政策應有之走向，例如在台灣目前所面臨的困境中，經濟要如何轉型、產業技術應如何升級、外籍勞工如何解決，以及如何消除日益惡化的所得和財富分配；引導我們注意台灣在世界政經局勢的變化中，如何開創未來。這些論述不僅文字淺白，緊緊地扣住台灣目前面臨的經濟問題，而且觀察入微，立論都能切中時弊。即使平常對財經問題較無涉獵的讀者閱讀之後，也能對台灣經濟體制的運作與其所面對之挑戰，有立即而全盤的瞭解。這是一本可讀性甚高的財經論著。不只是關心台灣財經問題的讀者必需參考的文獻，也是關心台灣法政與台灣前途的讀者所必讀的書籍。

本書作者中的財經學者都屬於台灣戰後出生的財經教授，也都渡海受過西方嚴謹的科學專業訓練。他們對財經問題的看法，大致反映了台灣新一代財經菁英的主流觀點；他們與舊一代財經人物有一個明顯的差別，那就是充滿社會理想、勇於批判台灣政經體制的黑暗面、敢於與國民黨黨國不分的體制劃分界線。最近幾年來，甚至成爲台灣民主運動的新銳。

事實上，這本書還有一些外人所不知的情懷充溢其中，那就是新一代的財經學者跨出了省籍的隔閡，共同攜手爲台灣前途而打拚。

《解析經濟壟斷》目次

一、六年國建

二、中央與地方預算

三、公黨營事業

四、政商關係

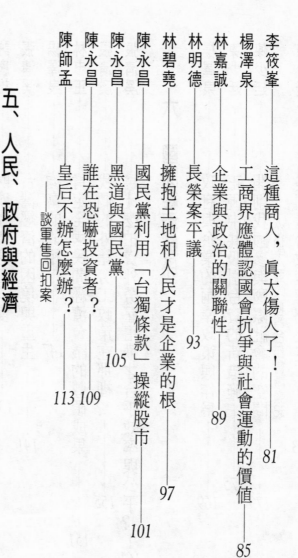

五、人民、政府與經濟

六、國際經濟關係

第一輯

六年國建

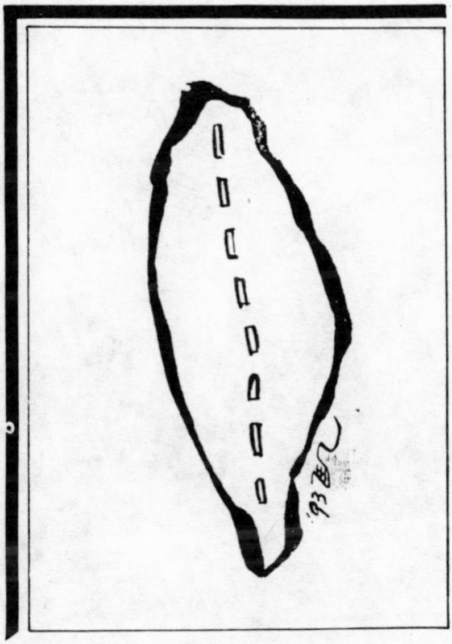

六年國建計劃只欠神燈

◆林忠正

〔編按〕：一九九〇年（民國七十九年）五月二十日，總統李登輝發佈軍人組閣。六月一日郝柏村上台。幾個月後，郝內閣就提出所謂的「國家建設六年計畫」，包括七百多項（光是第一年計畫就有六六〇項），共八兆六千億的龐大計畫，十一月就在行政院通過。這個蔣經國「十項建設」七十多倍的計畫，馬上引發社會各界質疑。經濟學界更是不以爲然，前台大經濟系教授，現任考選部長王作榮表示，政府一年能好好做一個計畫就不錯了。也是台大經濟系教授的台大校長孫震，甚至以「動搖國本」形容這個六年國建。在各界強力反對下，經建會被迫重新溝通。但行政院在自訂的溝通期限前，就在一九九一年年初，火速在行政院院務會議通過修正案，只象徵性的縮小爲八兆二千億；包括中央研究院與中華經濟研究院的學者，放下手邊的工作，想在期限前提出建議案的研討會都來不及召開。

行政院在郝柏村院長的強勢領導下，也在短短數月之間推出超級魄力的財經建設計劃，即將送行政院會審議，作爲未來六年郝內閣建設國家的藍圖，故命名爲「國家建設六年計劃」。由於這個國建計劃預計支出達新台幣八兆五千多億元，相對於台灣目前一整年全國總生產毛額（GNP）的四兆多元，的確是一個天文數字。雖然，國內各種媒體最近經常報導國建計劃的訊息，不僅引起財經學界的高度好奇與擔憂，連一般民衆也是議論紛紛，不過國建計劃的內容仍然保持高度機密。外界曾經根據財政部門所提供的資金規劃，作出一些概略的計算，發現充滿企圖心的國建六年計劃很可能耗盡國內歷年超額儲蓄，而導致外匯存底快速消失，以及台幣貶值，而且龐大支出所造成的通貨膨脹壓力恐非小小的台灣社會所能承受。資源大量移至公部門之後，民間的投資與消費活動都將因爲公部門的倍數擴充而受到排擠。於是，經建會趕緊改口說，財政部的資金規劃是「舊案」，外界引以爲據，不免判斷失誤。據稱，財政部與經建會已經重新規劃資金計劃的新案，將來新案必能完善考慮「國內資金供需的平衡」，維持國內利率的平穩。

原來這種八兆五的超級國建計劃在財經當局而言，就像小孩玩「家家酒」，隨時可以改變遊戲內容。被你發現內容不合乎財經原理，乾脆就不給你參考，讓整個計劃放入黑箱作業，免得大家挑毛病。等到行政院會裡一些外行人核定之後，生米已經煮起半熟的飯，大方針改也改不了。屆時一些幫閒學者再搞幾個民意測驗來支持一番，配合執政當局的良心選擇與執行意志，大家就得一起來擦屁股，永遠享受倉促決策所造成的錯誤苦果。

話說國建計劃首先違反了公共財決策的基本精神，滿足人民的公共需求。國建計劃號稱以公共建設的公共財為主，裡頭大約有四、五兆是重要建設交通運輸設施、能源、水資源的開發與保護，教育投資的擴充，以及國土的重新規劃與開發。在民主社會中，公共財的提供是由社會成員來決定需要什麼，再由專家來配合規劃；當然在決策的過程中社會成員也需要專家來提供足供判斷的充分資訊。國建計劃在短短數月之中由各機關匯總呈報達十四兆八千萬的公共投資支出，經建再以更短的時間刪除近一半而剩八兆八千萬。這個過程不但沒有經過各級政府或民意機關舉辦公共建設的公聽會或民意調查的過程，更不可能經過專業的公共投資評估程序。所有呈報與刪減的內容都是由官僚來決定，這些建設計劃到底是反映官僚的需要，還是民間的需要？我們是迫切需要公共建設的加強，但是卻不應由官員來決定我們需要什麼？就這一點而言，經濟建設的決策過程甚至還比不上解嚴後的政治決策。國建計劃違反公共財由下而上的決策過程，還是停留在威權統治由上而下的主觀決策，勢必造成資源錯誤配置的超級浪費。只要浪費其中的十分之一，全台灣每個就業者平均就要白幹六個月的活，繳稅來供政府揮霍。

根據經建會的預估六年國建計劃下來，需要新增的勞動力是一百八十萬人，其中技術人力的需要為一百四十一萬人，普通人力三十九萬人。但是近五年來，台灣勞動力每年平均才成長二・四％，六年下來大約可以增加一百四十二萬人，不足的人力將再增加三十八萬人以上，更何況未來台灣每年所增加的男女大專教育專業人口，總共也不過是十萬出頭，六年下來，那裏去找一百四十多萬的技術人力。目前營造業勞動力約有六十多萬人，淨產值（不含進料）爲一千七、八百億台幣，而六年計劃要整個營造業突然去應付幾兆台幣的公共工程以及民間大小工程，辦得到嗎？以目前營造業的規模來執行六年國建計劃，可能需要尋找神燈的幫忙，才能建構美麗的天方夜譚。

就資金來源而言，六年國建計劃下來累積的公債發行餘額高達六兆三千多億，估計占民國八十六年的GNP約百分之九十，在短短六年內達到這麼高的紀錄絕對突破歐美日各國的歷史。不必談公債本金的償還，單單每年所支付的利息就令大家吃不不消，以年率百分之七來計算，每個納稅人平均就要增加三分之一稅負。美國的公債高達美國政府預算的百分之一百九十，也不過占GNP的四成左右，就幾乎到了以債養債難以解脫的境地，我們不用去想像這個債務將來是如何解決；不過，我們可以確定，我們這輩子大概還不了。

面對這樣一個龐然巨物的國建計劃，每一個經濟學家都會因爲它的天文數字與其神秘的內容，出現無力感。我們一些財經官員正在塑造一個經濟發展的奇蹟——一個新興的工業國家如何急速沒落的個例。目前已經有許多經濟學者希望，六年八兆五的國建計劃最好永久停留在「計劃」而已。

自立晚報　一九九〇・十二・二十八

「北宜高速公路緩建案」宣告六年國建跳票

◆林忠正

「六年國建」計劃經過數月的爭論，行政院與經建會都再三強調八兆二千億的支出都經過各機關的詳細評估，決策過程絕不粗糙。七百多項大小計劃依財經效益的高低，分爲延續性的國家重大建設工程、新增甲級計劃與乙級計劃共三等：而且當局也宣稱將視未來政府財政收入的狀況，依各項計劃的重要性作適度的調整。言及過耳而已，況且批評六年國建計劃決策品質粗劣的聲浪尚未減弱，行政院即宣布將這項名列第七重要的國家重大工程擱置。雖然行政院的理由是政府歲入有所不足，但是依據行政院原先政府投資建設的優先順序，「北宜案」事實上已經是自毀原則。姑且不論六年國建計劃決策是否粗糙，眼前才開始編列第一年國建計劃預算，就發生政府預估收支的錯誤，而導致第一級國家重大建設停擺。往後政府是否有能力預估未來五年經濟狀況與政府收支，已經成爲一個重大憂慮。如果政府沒有能力預估未來數年內政府的收支狀況，那麼六年國建是否能夠在一年之內完成，恐怕只能聽天由命，更談不上「經濟計劃」具有必須限期實踐的意義。

「六年國建」爲什麼不用五年或十年的國際慣例，而用六年的名稱，有人揣測國建計劃採用「六年」的名稱可能是爲了配合總統的任期或行政院長的發展。命名時或許是有這樣的意義存在，但也不一定是如此。如果大家細心的話，台灣的經濟計劃都是用四年、六年或十年計劃的名稱，絕不用五年計劃的名稱。這也很可能是因爲早年台灣有「五年光復大陸」的計劃，因此據說任何五年計劃的名稱就會觸及當局的傷處。如果連經濟計劃幾年的名稱都會有政治禁忌，那麼經建內容受到政治力量的影響自然不在話下。許多人也許因爲六年國建計劃的有關爭論，才知道台灣也有「經濟計劃」的施政綱領：不過，絕對沒有人聽說過以往各種經濟計劃實施之後，有過任何成效的專業評估。從十大建設到十項重大建設事實上也從來沒有事後的單項評估報告。用來確立早先的重大投資決策是否有所錯誤，而或追究政治責任。有人說：沒有十大建設，就沒有現在的台灣，作者個人同意這句話，但是如果十大建設項項正確的話，今天的台灣就會更發達。至少，我們已經知道十大建設的蘇澳港、台中港、中船、鐵路電氣化……都沒有發揮原先計劃的應有目標，所以都不屬於投資成功的公共建設。如果這些花費的資源可以使用在其他更有效益的公共建設上，現在的台灣應該會更好。

六年國建計劃經過行政院會通過之後，台灣各縣市政府仍然不知道國家建設的計劃內容，可見各縣市政府在決策過程中並未受到徵詢，也未受到尊重。但是，國建計劃的七百多項計劃並非全屬全國性事務，其中有許多是縣市級的建設計劃。這種決策過程其實是反映出中央的集權心態，並不合乎憲法所規定的中央和地方分權之精神。在學理上，中央與地方政府本質上是功能上的水平分工組織，而非上下級的層級組織。地方事務只要不涉及地方以外，例如縣市內的建設原則上就應屬縣市級政府的權限；性質跨越縣市而不涉及他省或其他院轄市之事務，原則上應屬於省級政府的權限；只有性質跨越省界或院轄市之事務才交由中央負責。過去中央不重視政府之間的功能劃分，猶因政治落伍而可原諒。目前民衆要求提升地方自治的浪潮日盛，中央卻處變不驚。中央政府若不徵詢地方意見，怎麼能夠了解衆多地方的民衆需求，又如何能夠坐在首都以想像或主觀的方式，越俎代庖爲地方排列各項公共建設的優先順序。六年國建計劃不重視基層政府的決策過程，本質上就是違反社會多元化趨勢的一元化作風，也是威權體制的遺風。

如果中央政府不放棄「地方政府是中央的派出所」的統治觀念，中央的經建計劃將與各地方的需求脫節，也絕無可能將資源作最有效率的配置。六年國建計劃因「北宜案」跳票，若能引起大衆對經建計劃以及其他政務的權限劃分，未嘗不是件好事。

由六年國建看教育前途

◆陳師孟

台灣近幾年在各方面的表現，越來越像一個暴發戶。一方面國際上對台灣的鉅額外匯財富莫不羨艷，極盡巴結；另一方面對台灣的貧乏人文景觀與低落國民素養，則不時以「海盜王國」、「貪婪之島」、「骯髒的富裕」、「賭場共和國」與「經濟動物」等惡名表達輕蔑與不滿。如果政府眞有決心在六年之中重建國家形象、再造社會秩序，則在文化教育方面痛改前非，急起直追，應是首要之務。設若依「國家建設六年計畫草案」，仍然把重要政策目標置於提高所得、發展產業、整建交通等經濟層面，則六年之後的台灣，勢將被建設爲一個土財主，比暴發戶更增三分俗氣與霸氣而已。

閱畢六年國建計畫，不得不令一個教育工作者仰天長嘆。在四大冊長達四七七頁的計畫草案中，有關文教建設的篇幅共十二頁之「多」，可以看出受到「重視」的程度。更難堪的是，這少數類似廣告的文字與圖表，三分之二集中於第二冊「厚植產業潛力」的第四篇「培育與運用人力資源」的第四章「配合措施」的第一節「強化人力培育」中，將主事者「經濟掛帥」

的狹窄心態暴露無遺。輿論有謂六年國建計畫其實不過以往四年經建計畫的重組，算是相當保留的批評；事實上，整個計畫所顯示的乃是，文教建設淪爲經濟建設的殖民地，似乎除了配合產業發展的需要、提供生產過程的資源外，文化與教育再無獨立存在的價値。當郝內閣狂妄地在經濟建設上冠以國家建設的頭銜時，其含意應不只是「膨風」經濟，而有輕賤文教的惡味了。

稍爲深入瞭解可知，計畫內預定在未來幾年將增設的二十三所大專院校中，只有花東、暨南、台北、高雄、及台南藝術學院等五所採正規教育取向，其餘幾乎全爲工商專科與技術學院，一逕以培養勞動資源爲目的。我們無意否認教育是可以增強勞動生產力，而有益經濟成長，但是當前台灣更需要的教育，是要能提昇勞動者人文品質的教育，使其具備踏實的人生觀、活潑的思想，有享受眞善美的涵養、有追求生命尊嚴的勇氣與自信。借用馬克斯的說法，要使人人視勞動爲一種生命的表露，爲一種生之喜悅，而不被異化爲存活的工具，爲一種生之無奈。這種教育對勞動者的意義才是積極健康的，對經濟社會的貢獻才能源遠流長。

在低於大專教育的層次，教育部及省府在國建計畫中還做了其他諸多規劃。從「發展幼兒教育」、「發展成人教育」、「發展山胞教育」，到「加強人文教育」、「精進軍訓教育」、「強化親職教育」，包山包海列出了十六種不同名目的「教育」，眞是難爲了教育官員。不過，這種面面俱倒、統統有獎式的計畫，不但不代表主事者超越了功利心態，反倒又說明了另一種掩飾心態。衆所週知，台灣既往教育問題的癥結絕不在於「教育網」不夠周延，以致部份國民代一代造成人人難逃制式教育的洗腦，造成一代未能享受教育的洗禮；正相反，癥結在其太過綿密，使人人難逃制式教育的洗腦，造成一代代馴化菁英的可悲現象，也造成教育系統在既得利益壟斷者的防築下，長久窒息爲一灘醬缸死水。這灘死水近年受到威權解體的攪動，正發出陣陣惡臭、醜聞不止。譬如高中校長受賄案、私立大學校長拒退案、以及大學教授甘做校園特務案，凡此種種，無不指出現有教育弊病已經不能再忽視拖延了，教育當局那裡還有資格粉飾門面，那裡還有本錢開創新業務，那裡還有心情與郝內閣湊趣？

套句老話，教育是「百年樹人」的工作，「百年」可以成蔭成林，「六年」只能做柴燒。除非教育當局壓根兒無意「樹人」，只想快快「用人」，否則對這個呼嘯而過的「國建列車」，我看不搭也罷。

自立晚報　一九九二・三・十六

從國建六年計劃動搖國本談起

◆林向愷

不久前，郝柏村在國建會致詞中提及政府推動國建六年計劃時仍缺乏全民共識。照理說，國建六年計劃各項建設陸續完成後，台灣將從目前「富裕中的貧窮」窘境解放出來，從此邁入已開發的富裕國家。面對如此美好遠景，台灣人民爲何不感謝「政府」德政，還擺出一副興趣缺缺的樣子。

享受成果可能付出很大代價

最近甚至連因十月憲警侵入台大校園事件而遭郝柏村斥責的孫震校長，亦「危言聳聽」地提出六年國建將動搖國本的駭人言論。孫校長認爲政府爲了國建六年計劃，把國家基本的教育經費，尤其是基礎科學方面的經費，給犧牲了。教育投資的成效在短期也許看不出來，但減少教育經費其長遠影響將會非常深遠。無怪乎，孫校長有此駭人之論。雖然，社會各界對國建六年計劃已經談了很多，而政府官員也一再表示財源籌措沒有問題，而且民間有的是錢，但國建六年計劃其財源籌措問題，以及台灣人民在「享受」國建「成果」之時，可能付出的代價，未明之前仍有再申論的必要。

發行公債前提 收支相等

依總體財政分析觀點，無論由長期或短期角度來看，政府各項支出必須和各項收支維持平衡。這裡的收入指的不僅是稅收，像自償性計劃收入、國營企業收入以及印行鈔票所取得的收入皆是。但長、短期籌措財源時可用的工具不同。舉例說，若政府在各會計年度要維持收支平衡，此時政府就無法利用發行公債來彌補該年財政赤字，爲維持預算平衡，只有縮減政府各項支出或增加稅收或其他收入這兩種方式。但在一個長期的規劃期間內，各年度政府收支並不一定要維持平衡。財政赤字可用發行公債來彌補，發行公債的前提是計劃期間內政府各項收入「和」必須等於其各項支出「和」。也就是說，在政府正常支出水準不變（可以各級政府總預算占GNP的長期平均值來衡量）的情形下，公債只是一種跨期運轉工具而已，只是讓政府的財政調度更加靈活，也唯有如此，方不致陷入「以債養債」的困境。

國建引發財政危機並非不可能

到底國建六年計劃陸續執行後，政府部門的正常支出水準是否仍維持不變？這個問題也只能以已執行的計劃來看了，依一九九一年五月十七日（自立早報）的一項統計數字來看，各機關就「國建六年計劃」中第一年所提出的預算已超過經建會原先所估計的二七・六%。就以剛開工的東湖五股閩高速公路拓寬工程爲例，原概估經費爲新台幣二五七・九億元，但現有預算卻已追加二次而達五〇七・三億元，漲幅高達九六・七%。這項工程所需徵收的土地不多，而近年來物價上漲也非特別嚴重。難怪有人斥爲工程界之恥。若其他國建六年計劃，亦有類似追加幅度，則各項計劃實際使用的經費將遠超過原先估計的六兆元。面對如此龐大經費，又有誰能說政府支出的平常水準不受影響。若支出的平常水準上昇，政府是否還能以發行公債方式來彌補財政赤字？政府若仍以發行公債方式來維持收支平衡，顯而易見的是公債餘額將不斷累積，只是把當初赤字問題丟給下一代去煩惱。此時，唯有提高稅收或各項收入或減少政府各部門支出方能解決這個財政難題。觀諸政府機關往往爲爭取立法機關同意其各項計劃而刻意壓低計劃的概估預算，然後再辦理各項追加的作法，國建六年計劃將引發的財政危機亦非全然不可能。

有了國建卻賠了教育計劃

事實上，政府各機關亦深諳此理，而且籌措財源方式也不一定要採開徵新稅。例如，財政部長日前表示以現階段的政治環境要增加一百億的稅收將是非常困難，而這筆百億稅收對動輒上千億的國建六年計劃根本無任何助益。所以，政府機關的腦筋又動到其他收入上去了。像以「使用者付費」的辦法來提高計劃自償性比例何嘗不是增加收入的方法之一，但是這種方法在立法機關的阻力也是不小(如：前次高速公路通行費加價風波。)據一九九一年十二月二十三日《民衆日報》報導，行政院已原則同意以成立基金方式達成部分工程以自償運作的目標，說白一點，成立基金最大用意在於：爲維持基金的「法定」報酬率，政府在訂定行費以及使用費率時，將能「充分」反映營運成本，並達到「使用者付費」的公平原則。如此一來，執行計劃時，控制營運成本將不再是一項重要考慮，計劃執行若有所偏差，也只有由使用者來負擔了。

當然，另一種維持收支平衡的方式，也是孫震校長所擔心的，是削減其他政府預算，在軍警情特獨大的體制中，當然削減不到他們的預算，於是只有由教育等部門的經費上削減，問題是有了國建卻賠上整個教育，值得嗎？值得我們深思再三。

民衆日報　一九九二．二．二

第二輯

中央與地方預算

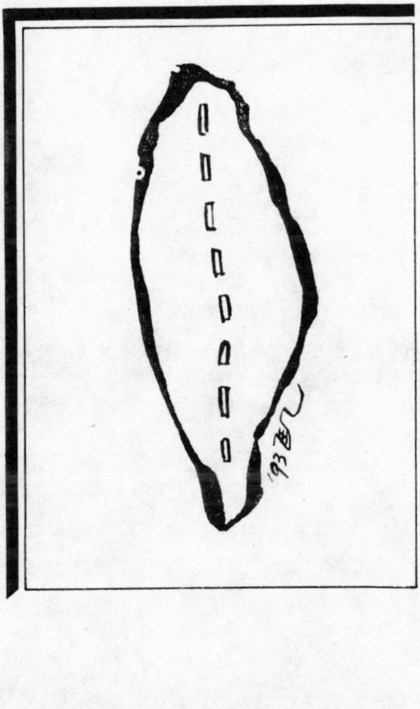

一條香腸三片毒藥的省思

——論北宜高與中央地方權限分際

◆楊澤泉

〔編按〕：國民政府撤退來台灣，於民國四十年制定「財政收支劃分法」，確定了中央集權的特色。其後經三次大修，多次小改，進一步中央集權化。地方財政困難在一條鞭制下僵化。原來該法賦予地方極小的調整空間，也因地方自治法未實施，而成空幻。原本收入不足的地方（縣市）又被責成負擔國民教育，使得五十七年九年國教實施後，縣市要用一半以上經費挹注國教，根本無力從事地方建設。中央政府則把龐大的預算用於國防，製造飛不起來的飛機，購買潛不下水的潛水艇。李郝體制下，又收回水權、警政預算等等，使地方自治成爲空談，經濟學界對此論述不少，如參閱林全之〈現行財政收支劃分法的經濟評析〉，刊於《國科會研究彙刊》一九九二年。

規劃鬼話論的哲學

爲達成區域均衡發展的目的，根據「台灣地區綜合開發計畫」與「北區區域計畫」而規劃興建的北宜高速公路，在郝柏村一聲令下暫緩興建，理由是目前並不需要北宜高，因而引發行政院與立法院的爭議。行政院長說宜蘭抗拒工商業，經濟部長說宜蘭抗拒石化、水泥、發電是北宜高暫緩興建的原因。

所謂「規劃」乃是目標、原則、方案、評估、決策與執行的一連串過程，而「鬼話」則是先有結論再找理由。而北宜高正顯示規劃鬼話論的特質。北宜高自民國七十一年開始進行可行性評估，歷經三任行政院長，且早已編列預算開始執行，並且早己列入郝柏村內閣所擬訂的六年國建計畫，卻又突然以「預算限制」而宣佈暫緩，而又在群情譁然下，北宜高改爲北花高而擬於八十二年度列入預算，並且譴責宜蘭人有「獨立小王國」的心態，而大玩政治文字遊戲。

朝令夕改的中央？

交通部長張建邦在民國七十八年公職選舉時大放政治利多消息，不僅要有北宜高，且說六輕不會來。然而在民進黨贏得縣長寶座，並且反對六輕在宜蘭設廠後，即以宜蘭抗拒工商業而宣佈暫緩。顯示朝令夕改何足爲奇，夕令夕改又何妨的專斷性格與報復作爲，軍人干政的後遺症已再度顯現。

照單全收的地方？

區域均衡發展在台灣一直停留在口號階段，擁擠髒亂的都市與沒落蕭條的鄉村早已是台灣區域發展的景況，中央不思儘速改善區域差距，而竟然公然的進行官商勾結，協助最近被美國處以最高罰鍰的台塑的六輕計畫。沒有六輕就沒有六〇〇億的北宜高計畫，宜蘭人到底是何物？有這樣的中央，如果有「獨立小王國」的想法，又豈只是宜蘭人而已。

不乖的小孩沒糖吃，絕非民主社會的中央政府對地方政府應有的行為，更不可能發生如今的一條香腸三片毒藥的現象。為達成區域均衡發展，北宜高只是基本設施而已，尤如一條香腸本是宜蘭人甚至花東人所該擁有的，北宜高不是恩典，乃是中央責無旁貸。石化、水泥、發電過去給宜蘭人的夢魘，尤如三片毒藥，宜蘭人的抗拒有理。試想過去三家工廠讓宜蘭人得不償失，如今反對有何不可，中央是人民的中央，而非台塑、台泥與台電的中央，行政院不要忘了我是誰，地方也不必照單全收。

結語—中央與地方權限分際的再釐清

集權集錢的中央，入不敷出的地方，早已造成區域差距嚴重惡化現象，而地方自治的精神早已形同虛設。宜蘭和其他地區的落後，並非宜蘭人的錯，維護蘭陽平原成為台灣最後一片淨土，更是宜蘭人值得尊敬之處。宜蘭人的非戰之罪與中央的報復作爲，應該可以提醒其他地區的人們，下次輪到誰還不知道。補助與抗稅是中央與地方的手段。宜蘭人若賺得一條路，賠上了宜蘭的鄉土，絕非明智之舉。

軍人干政的後遺症，如專斷性格與報復方式，早已再現。其他縣市的立委在立院萎縮的表現，也令人擔心，而中央與地方權限分際的再釐清，應是北宜高提供人們省思修憲或制憲的活教材。

民衆日報　一九九一・三

集權集錢的「中央」與瀕臨崩潰的地方

◆楊澤泉

前言

地方財政問題，無疑的是最近憲政改革聲中，中央與地方權限劃分爭議的焦點。究竟是立法院院會彭百顯的「中央集權」抑或郝柏村的「中央統籌」：是「廢省」抑或「×省×市」；鄉鎮市長「民選」抑或「官派」；警政教育人事支出「移歸中央」抑或「強化地方財政」。顯然的，集權集錢的中央與瀕臨崩潰的地方體制的改弦更張已迫在眉睫。

中央與地方權限的現況

財政爲庶政之母，以七十八會計年度台灣省各縣市及台北市與高雄市總支出近三千億，相對於各級政府總支出一兆三千億而言，中央集權集錢的事實與地方自治的假象，實不容否認。一再主張統一並宣稱代表中國卅五省的國民黨政府，財政支出四十年來全部仰賴台灣人民。龐大臃腫的中央政府，包括總統府、五院、國民大會的官員與民代人數堪稱「世界奇蹟」。三級政府（憲法規定的中央、省、縣）、四級財政（加上鄉鎮市一級）、五級決策（再加上依臨時條款而設國家安全會議一級）的現象更是史無前例。大而不當的政府組織與層級，除了造成官員民代人數與支出巨額成長，也造成了行政無效率的層層推托與相互諉過的現象。再加上支出龐大與績效不彰的國防外交支出，以及管理不善特權橫行的公營企業的龐大虧損，剩下的可用資源就相當有限，正常的經濟發展所必備的基本公共設施與建設極度缺乏的現象也就不足為奇。至於提供和人民生活息息相關的公共財如警政、教育、衛生……的地方政府捉襟見肘，而出現付不出薪資與積欠廠商瀕臨崩潰破產的現象。地方自治就如同憲法的條文一般，只是曾出現在憲法的遺跡而已。

集權集錢的中央政府

「省縣自治通則」至今未完成立法，目前所謂「地方自治」除「省政府組織法」外，其他的皆屬行政命令與法規。而在財政方面，則以「財政收支劃分法」加以劃分稅源與比例並以「統籌」方式再分配。雖然過去歷經三次的「財政收支劃分法」修正和加強統籌補助的功能。然而，地方財政除了獲得短暫的紓解，問題依舊，並且更形惡化，其原因可歸納為：(1)依財政原理，中央的稅源如所得稅、貨物稅……等一般而言較具成長性，而地方稅源主要如財產稅等則較不具成長性，再加上地方資源的差異，透過補助方式乃為世界各國所普遍採行的方式。問題是維持龐大的中央政府，與主張中國主權致「省」不可廢，所產生的統治區域相近卻有中央與省的龐大開銷，使得原本應占地方財政收入相當比例的補助收入，如同更多的人壓冰塊而致冰塊快速縮小了。⑵不當的區域政策致區域不均與惡化，快速成長的都市地區稅收增加，但爲解決環境急速惡化而致公共支出快速增加，而人口外移的鄉村（約爲台灣三百三十個鄉鎮區中的二百七十個）則受困於維護支出無法減少但收入卻遞減窘境。這種同時發生的現象皆對地方財政的不足與不均產生火上加油的效果。⑶惠而不費與決策不當的中央政策，前者如中央爲攏絡公教人員而加薪，後者如爲取締八大行業：而因此增加人員編制與支出。⑷過度的中央管制政策致地方支出無法降低，例如限制私立學校設置等……，皆使得地方政府必須單獨承擔龐大的公共財需求。

瀕臨崩潰的地方政府

地方政府主要依賴財產稅的收入，以挹注提供地方公共財，例如教育、警政、衛生、醫療環保、公園、綠地等與人們日常生活息息相關的服務。財產稅穩定有餘而成長不足，偏偏地方公共財如上述又多屬勞力密集致成本上升快速，再加上與人民生活息息相關，伴隨經濟成長所得增加，需求也呈快速成長。價量齊升的結果也造成地方財政負擔與日俱增。爲解決收入與支出的不相稱性，各國無不透過補助方式加以挹注。也即各國普遍的現象是中央收入多，但地方支出則較多，兩者之間即中央對地方的各類補助。此外，各國無不透過使用者付費與民營化兩種方式解決地方公共財的不足困境，同時解決效率與公平的目標，也即地方政府扮演政府與企業雙重角色，除少數政府功能外，地方政府亦有企業的角色，對於前述公共財可透過自行經營並以使用者付費方式挹注，抑或外包民營企業在地方政府制定的規則下提供。台灣的情況是地方政府面臨嚴重的區域不均，收支更不平衡，補助款又相對有限，中央的種種限制，使得開放民營不可行，自行辦理所需財源如發行公債亦不可行。地方政府只能在既有情況下苟延殘喘，人民怨聲載道，公私部門差距逐日擴大。若再遇到中央惠而不費的政策或不當決策，則除了借貸度日跑三點半外，毫無選擇。當然，所謂的地方自治則是瀕臨崩潰的地方政府的夢想而已。

中央與地方權限的再釐清

去年嘉義東石鄉的「浸水」事件大家早已淡忘，今年的北宜高事件也許仍有些記憶，然而地方財政的問題早已不是新鮮事。臃腫不堪的中央不減肥，地方要強身根本不可能。畢竟中央不思改革而屢責怪地方不開源節流是不公平的。富裕中的貧窮表現在台灣公私部門（尤其是地方建設）的差距，中央是責無旁貸。是以夾著毒藥的糖衣逼迫宜蘭就範的手段絕非常態。又以警政教育的人事經費移轉中央支出的遂行中央集權的作爲亦是匪夷所思。中央的政策再不調整，「獨立小王國」將不只是郝柏村的名言，極可能成爲各地方政府在無奈與無可選擇下共織的夢。而中央政策的再調整的前提可能是台灣獨立。畢竟，未擁有國家主權的中央，是什麼樣的中央？也許只有上帝才能了解。

民衆日報　一九九一・四・十三

警察何價？·警察何值？

◆楊澤泉

頂著「改善治安」之名，進行「強暴民主」之實的警政問題，著實已成為近年來國人的隱憂。尤以近日竟發生鎮暴警察追逐毆打和平靜坐抗議的學生、教授的濫權行為，引起國人義憤塡膺，知識界強烈抗議。也再次暴露出警政政策不當所引發的種種問題。

近幾年除了警政預算大幅擴增外，八十一會計年度警政署更將中央補助款直接撥給警察局，使地方議會無法審查警政預算，導致地方在已失去人事權與行政權後，再度失去監督權，而引發地方議會杯葛與反彈的聲浪。此外「社會秩序維護法」欲賦與警察權更多的權限，也引發迫害人權的疑慮。究竟，警察何價？·警察何值？

警察何價？

八十一年度全國警政預算達三百六十三億六千餘萬元，若加上警官與警專的支出則達三百八十七億元，預算員額也超過七萬人。也即全體國民平均一年支付一千九百三十五元的警政支出，每三百人就養一位警察。

自從七十六年七月解嚴後，警政支出就呈現大幅度的成長，近四年的成長率分別四七・〇五%、一四〇・一三%、四〇・〇九%、一四四・六六%。又根據「台灣地區警察人員人數統計」，我們可以發現解嚴後的短短四年間，警政署的警察員額擴張十倍餘，八十一年度直屬中央的保警，也即保一至保七總隊的編制人數達二萬七千餘人，其中的鎮暴保警，也即保一、保四、保五即達一萬九千人。

台灣人民支付了龐大的警政支出，全國的人力資源也被扭曲而配置於警政。三百八十七億相當於全國國中教職員的總數，然而警政支出與員額的擴充，尤其是保警，卻可能使警察成為限制和迫害人權的極權統治工具。

警察何值？

任何「都市政治學」的教科書都會提到人類群居之處的自衛組織，逐漸演變成為今日的警察制度。也即警察權與警察制乃是為保障人民生命與財產安全而設。然而在台灣，警政支出與員額，和社會治安的惡化成正比的現象，雖然不能說是治安因警政支出與員警擴充而每況愈下，但卻可以顯示警政政策的不當，導致治安未改善，人民卻已付出更大的代價。

憲法以及相關的地方自治規定，早以明定縣市警衛之實施權屬縣市自治事項。揪開近幾年有關警察人事權與行政權早以脫離地方行政的爭議，今年甚至藉紓解地方財政困境為理由，進而將警政預算審查分割在不同層級的議會進行，以技術犯規方式試圖將地方議會最後的監督權連根拔起。除了導致地方自治空洞化外，社會治安的改善，地方有何置喙的餘地？

人民的抉擇？

警政制度與政策淪落至此，「價」與「值」早已不相稱。憲法已被玩弄，地方自治早已成絕響。財政併吞與玩法弄權的橫行，各縣市議會的反彈與杯葛本屬必然。然而五月八日國民黨卻仍不改初衷，以所謂的七大理由孤注一擲，試圖以「強化溝通」以貫徹其蠻悍的決策。所謂「軟土深掘」正是這些現象的最佳寫照。

在目睹立法院與國民大會的警察暴力，也看見學生、教授以及其他社運團體的請願活動中，大批警察屢次公然地「妨害自由」、「搶劫」、「瀆職」等行爲，警察權的不當使用與警力的不當配置，致使治安與交通持續惡化；尤其令人憂心的是正在審議中的「社會秩序維護法」，在衆多法官、律師與學者反對下，仍試圖賦予警察拘留等職權。在警察大幅擴增以致「有招無類」以及早已出現部分警察具有「前科」的情況下，若再加上地方政府與議會未能具備監督權，則台灣人民在未能享有保障人民生命財產的警察服務的同時，卻將承受人權的限制與迫害。警察何價？警察何值？應是解嚴後警察員額與預算大幅增加，社會治安愈形惡化，人們必須省思的課題。

自立早報　一九九一・五・十五

警察制度與警察預算

◆林山田

警察與警政的本質

民主憲政國家的警察，係以人民爲其服務對象，警察必須對其工作社區裡的人、地、事、物，有充分的瞭解，並建立良好而足夠的社區人際關係，才能對其工作社區裡的人民，做出令人滿意的服務。因此，警察工作在本質上，具有強烈的地區性或區域性，警政自亦成爲地方自治上，最爲優先的地方行政重點事務。

可惜由於數十年來的戒嚴與動員戡亂，採行不當的警察政策而建造與憲法不相符合的警察制度，以及警察本身的種種缺失，錯把服務對象主要地鎖定在政府及其機關，而不是人民；人民只是他們的「管教」對象，或是施展公權力的目標。警察只是行政權中的打雜者，而成爲政府推行政令的工具。他們好似不必跟其工作社區站在同一立場，也不必刻意地扮演客觀中立的執法者或社會工作者的角色。這樣孤立於人民及其服務社區之外的警察，自然就會辛勞不堪，且危險至極。

由於警察本質上具有與其工作社區緊密不可分的關係，所以，在民主憲政國家大多採地方分權的警察制度，而在集權國家則多採中央集權制，因爲只有中央集權，警察調度起來才能靈活迅速，而能有效地做爲統治工具。

憲法規定的警察制度

憲法在中央與地方的權限的設計，是採折衷方式的「中央與地方均權」，警察制度亦不例外。憲法把警察制度規定在第一〇八條的由「中央立法並執行，或交由省縣執行」的事項中，而不是規定在第一〇七條的僅「由中央立法並執行」的事項。然後，在第一〇九條的「由省立法並執行，或交縣執行」的事項中有「省警政之實施」；第一一〇條「由縣立法並執行」的事項中規定有「縣警衛之實施」。從這些規定可以看出來，憲法規定的警察制度是：

㈠警察制度的立法或執行，有可能在中央，亦有可能在省或縣，而非如國防、外交、司法、財政等事項（見憲法第一〇七條），只能由中央立法並執行。

㈡警政的實施，重點是放在省或縣級，而不是在中央。

中央政府剛剛遷台的時候，是依據憲法的設計，在內政部只設個編制才十幾個人的「警政司」，從事警察制度的擬定與立法的工作，整個警政的實施，則由省級的「台灣省警務處」來運作。爾後，隨著「省級虛無化」與「中央集權化」的政策，並配合北高兩市升格爲院轄市的措施，「台灣省警務處」，自亦被虛無化了，而爲新成立的中央級的「內政部警政署」所取代，警政權也就由省級上昇至中央。從此，台灣的警政，地方只有付錢的義務，發號施令以及中高級警官的派令與調動，則由中央的警政署一把抓，而形成「中央集權，地方零權」的警察制度。因此，現行運作的警察制度，並不是憲法規定的中央與地方均權制，而是中央集權制。

此外，爲了使兼省警務處長的中央警政署長，不必到省議會接受質詢，就改由副署長兼省警務處長，由他出席省議會備詢。在省議會答詢而講得頭頭是道的處長，回到中央署裡，只是位做不了主的副手，一切聽命於署長。這根本就不符民主政治的責任政治原則。

警政預算的問題

在上述的現行中央集權式的警察制度下，自然會形成警政預算要改由中央編列的政策。況且，數十年來的經驗，各地方警政業務的執行，每因預算的編列，而受制於地方議會，故在議會審查預算期間，警察即停止執法，形成法律假期，基層員心理迭有不平，故警政預算改由中央編列，實爲警界上下多年來的期望。

由於「財政收支劃分法」肥中央而瘦地方的規定，導致地方財政的困難。鑑於此一客觀事實，警政預算自八十一年度起，除人事費由地方負擔外，業務及設備費等其他經費，全部改由中央編列的決策，雖與憲法所規定的警察制度不符，但勉強仍可接受。況且，人事費仍繼續由地方政府編列，各地方警察仍要受各地方議會的監督。

此外，在現行政治結構下，在在存有聚衆訴求或抗爭的必要性，而警政當局往往反應過度，派遣大批警力，四處防堵。此等做法，最惹民怨，且與民主憲政背道而馳。因此，警政預算中鎮暴保警所佔的比率，絕不容過高。假如眞有暴亂發生，情況嚴重到已非警察所能控制時，則屬佔國家總預算最高比率的軍隊所應從事的工作。常態性的警政不應也不必編列那麼多的預算，設置過多的鎮暴保警，這無異是警政資源的浪費。

抗爭要切中關鍵點

總而言之，今日的警政問題，主要的關鍵是在於與憲法所規定的中央與地方均權不相符合，而導致警察權壟斷於中央的違憲現象，這是値得朝野重視，而要速謀改進之處。至於警政預算改由中央編列，似爲符合現狀的做法，而無爭議的實際價値。

警政預算除人事費外，改由中央編列一事，似乎不應是朝野的抗爭點。在野黨的抗爭重點應該在於促成政府執行合憲的警察制度，重新界定警察在民主憲政中的角色，並從教育與訓練上，調整其執法心態，以避免介入國會的政爭，以及在聚衆活動中出現失控的警察暴力等等關鍵問題。

自立晚報 一九九一·五·十四

軍公教調薪與人民稅負

◆楊澤泉

第一次全國賦稅會議廿一日召開的同時，八二年度軍公教待遇的調幅也確定為六%。我們不禁要問，人民稅負的增加用以挹注軍公教待遇的年年調整，適切性在那裡？

八一年度各級政府的總支出計達一兆五千億餘元，以二千萬人口的台灣而言，平均每人每年的政府支出為七萬五千元，每人每天則達二百十元。也即台灣無論男女老幼每天起床後即面臨支付政府二百十元的負擔，稅負不可謂不重。而八二年度則預計各級政府的總支出將達一兆七千億元，每人每年將達八萬五千元，每人每天將達二百五十元的水準。

在政府支出中，人事支出約達七千餘億元。主要的原因則為員額的膨脹與年年調薪，其中又以選舉年更為明顯。至七九年全國各機關的軍公教人員達七六萬人，而且過去幾年大致每年增加八千人至一萬人，八二年度則預計增加一萬三千人。而去年調薪十三%，今年六%，往後連續三年亦有選舉。在員額增加與調薪的情況下，難怪人事支出居高不下，而人民所需要的各項公共建設與公共服務則相形增加有限。人民稅負的增加以支付調薪，如果能因此提高公共服務品質與施政績效的提高，則人民或可忍受，然而實際的情況又是如何？

尤其嚴重的是賦稅體制的不健全，至今直接稅與間接稅的比例仍缺少社會正義與公平。根據財政部的「賦稅統計年報」的各國租稅負擔比較，七九年度直接稅與間接稅的比率爲三十八％與六十二％，也即目前人民的稅負仍然以具「累退性」的間接稅爲主，是則政府的支出主要仍來自平民大衆。而更不可思議的是在同一本年報，財政部竟然掩耳盜鈴的將直接稅與間接稅比率，經由稅目的調整再歸類而成爲五十七％與四十三％，以玩弄數字遊戲誤導租稅結構。

因此，在目前的租稅結構下，政府支出的持續膨脹，平民大衆首當其衝。而軍公教待遇的調整若未能因此提高施政績效，在面對已相形低落的公共服務品質的人民而言無異是雪上加霜，展望未來三年年年選舉，調薪幅度不知又要增加多少？盼人民與政府主管機關正視之。

中時晚報　一九九二・一・二十二

第三輯

公黨營事業

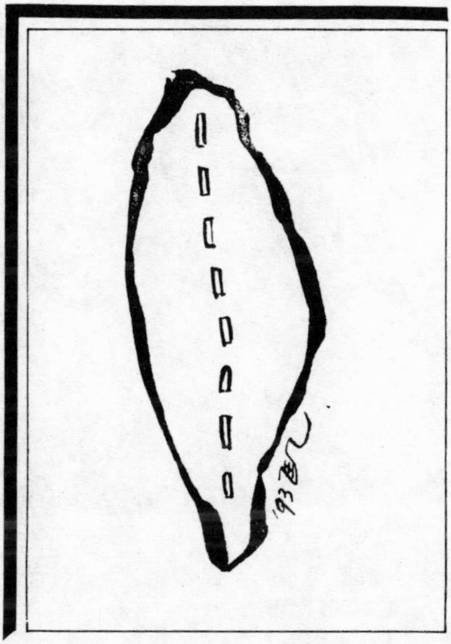

公營事業「民營化」？

——評「公營事業移轉民營條例」修正案

◆張清溪

〔**編按**〕：一九八九年年中，行政院長李煥巡視經建會，宣布要進行「公營事業民營化」。七月底行政院成立推動專案小組，八月該小組宣布十九家公營事業爲第一波開放名單（後又加成二十家），十一月間宣布五家不開放名單，並在行政院院務會議通過「公營事業移轉民營條例」修正草案，立法院也火速通過審查法（一讀），送院會等待二讀。後因內閣改組，一直到一九九一年五月才通過。（詳閱陳師孟等著，《解構黨國資本主義：論台灣官營事業之民營化》，澄社出版，一九九一年。）

報載立法院近日開啓封陳年餘的「公營事業移轉民營條例」修正案，由院會進行逐條討論。由於移轉民營條例問題頗多，若照案通過，則原本正確的經濟改革措施，將難逃扭曲甚至與民營化精神背道而馳的命運。我們擔心，公營事業所建構出的台灣經濟體制，透過此一條例移轉民營，將進一步成爲政府有權無責的囊中物，使資源配置無效率、分配更不公平。

公營事業民營化，可說是一九八○年代世界經濟舞台的熱門戲。包括五大洲的先進國家與開發中國家，都紛紛把他們的公營事業開放民營，開放的產業涵蓋農、工、服務業，甚至部分公共行政事務單位。當然，最徹底的民營化是東歐幾個共產國家的幡然改制，連「政府」也一併民營化了。公營事業民營化的結果有得有失，大致上決定於事前的準備是否周詳，及民營化程度是否徹底。但大多數均能轉虧為盈，不但減輕國庫負擔，有些更能進一步促進投資。有鑑於此，同時也因我國公營事業龐雜，且有不少績效欠佳，二年前政府決定推動公營事業民營化政策，普遍受到經濟學界的肯定。但國外的成功經驗是否也能在台灣開花結果，從「公營事業移轉民營條例」修正案中，我們發現不少值得憂慮之處。以下從理論與實務上，討論其中犖犖大端者。

公營事業民營化，顧名思義是要將事業由「公營」改成「民營」。所謂「公營」就是政府掌控事業之人事與經營權，因此，移轉民營就是要放棄政府對事業的人事與經營權。依據經濟原理，「公營」事業因為經營者缺乏「自負盈虧」的權責，乃有趨向無效率的天性。因此，生產事業除非具有獨占性或為兼顧其他目標，原則上不應由政府經營。所謂獨占性，應是「自然獨占」之意，指的是該事業具有顯著的大規模經濟，若政府不加干涉，市場運行結果也會自然形成一家獨占局面者。至於「兼顧其他目標」，無非是效率以外的公平與穩定。憲法一四四條「公用事業及其他獨占性之企業，以公營為原則」的規定，亦是強調其「獨占性」，換言之，除了符合這些條件以外的事業，均無公營之必要。但自然獨占等亦只是公營之必要條件，並非其充分條件。公營的許多目的，民營化後亦可達成。另一方面，「民營化」的「民」字，是指與政府相對的民間，故民營化是脫離政府的直接監控；「民營化」的「營」字，則強調由民間「經營」，而不一定要民間擁有所有權。由上述分析，我們可以檢討移轉民營條例的幾個問題條文。

第一，移轉民營條例修正案之第二條，規定移轉之公營事業包括各級政府獨資或合營之事業，依事業組織法與人民合資，或依公司法而政府資本超過百分之五十的企業。依此規定，有許多公營事業轉投資、公費成立的「非營利財團法人」與基金而實際從事營利事業者，其人事與經營權完全掌握在政府手中，卻不滿足民營之要項，得以消遙法外。第十條規定「政府資本未超過百分之五十之事業」，得以比照辦理；此一規定太消極，因爲這些投資均不符合公營之要件，理應優先民營化，且此亦尙未包含那些財團法人。

第二，修正案第四條列舉原則上不應民營之企業，包括直接涉及國防祕密之事業、專賣獨占性事業，以及大規模公用事業或有特定目的之事業。此一規定太過籠統寬鬆。軍需產品有不少可分割交由民間經營而不虞洩密者，應可民營；「專賣」是人爲獨占，完全不符經濟學的「自然獨占性」或憲法的「獨占性」，應予剔除；「大規模公用事業」不一定有「大規模經濟」，不是公營的對象；而有特定目的更是語意模糊，不應列在「原則上公營，除了經行政院與立法院同意，才可民營」，而是應「原則上民營，除非經行政院與立法院同意才可爲公營」。

第三，民營化就是政府放棄對事業的監控權，因此民國四十二年的原移轉民營條例第四條規定，政府售讓公營事業股產，至「售完爲止」。國外的民營化，也是盡量將政府持股盡量售完。可是，修正案之第五條卻改爲：「得爲全部或部分移轉」；國營會與經建會曾數次宣布，民營化後政府持股將有百分之四十左右。如此的民營化，是一種「假」民營，因爲政府對該事業仍有絕對的人事與經權控制權，卻逃脫了民意機關與審計機關的監督，使行政權無限擴大，且有成爲政黨工具之虞。

第四，第五條最後又規定，公營事業股產之讓售，主管機關得報請行政院核准，與特定對象議價方式爲之，這使人有公營事業「黨」營化的疑慮。民國七十九年移轉民營條例修正草案剛出爐時，媒體上即盛傳中華工程公司海外工程即將結束，快要轉虧爲盈，且已內定由國民黨的中央投資公司接收。令人不得不懷疑（賺錢的）公營事業民營化會變質爲「黨」營化。過去中國銀行改制爲中國國際商業銀行，與中華航空公司，均爲此種作法的顯例，其所發生之問題至今仍無解決。爲防患未然，「與特定對象議價」，必須嚴格規範，最好要個案獲得民意機關的同意。

第五，民營化的精神既在民「營」，則民營方式不必非得出售股產不可。委託經營、契約外包等，均爲可行方式，特別是那些擁有大量土地，或其土地已爲民間炒作之對象者。修正案第五條只規定出售股產爲唯一方式，顯有失當。

在實務上，民營化的過程可能產生阻擾因素，而民營化的結果也可能發生弊病，必須未雨綢繆。阻礙公營事業民營化，包括公營事業員工；因此才有移轉條例第八、九、十一條的規定。但第八條規定對員工工作權的補償方式，曠日費時，在衆多變數不可測的變化後，後果難料。公營事業員工工作權益理應加以彌補，因爲公營事業原先雇用員工時，實有「終生雇用」的默契，員工均有領取退休金的打算。公營事業民營化後，此種權益就不再有保障，是公營事業未遵守原先「默契」所致。但是，民營化就是要打破各種僵硬的制度，不可能再給予員工終生雇用承諾，因此合理的補償，在工作權益方面應是讓每位員工可以領到退休金。換言之，解決員工工作權補償辦法，就是讓全體員工退休。此一方面算是公營事業實現原先部分的承諾，一方面也留給接手的民營公司一個寬廣的經營空間，得以發揮經濟效率。第八條原規定移轉民營後員工隨同移轉，可以保留，並可約定一年半載內不資遣員工。政府對於爾後受資遣者，應予職業訓練與就業輔導。至於提早退休所涉及的公保與勞保問題，立法院可專案處理，不受原條文約束。至於第九條員工優先認股，應明文訂定上限。此外，所有員工補償與優先認股，均須排除公司董監事與總經理等高層人員。

員工提早退休所需支付之退休金，可能非常龐大，甚至超過移轉民營之收入。果眞如此，也只表示此一公營事業之不良績效提早曝光而已。如依第八條條文（政府須負擔移轉後五年內被資遣之成本費用），只是化短痛爲長痛，而且是化小痛爲大痛。事實上，員工問題若能妥善解決，不但免除日後的糾紛與弊端（如公司與員工勾結以詐取國庫）外，必也能提高民營化的售價。

移轉民營的另一個問題，是誰來決定移轉方式與移轉條件。目前的作法是由原事業自擬移轉辦法，這是很不妥當的。因爲移轉民營本身是對公營事業存在價値的否定，移轉之間難免有不利原經營者之處；由事業原負責人自訂辦法，執行中利害衝突勢難避免，其作法也就無法達到理想。解決辦法是規定一個「移轉民營」的主管機關（如經建會），負責移轉之行政責任。

最後，移轉民營化後可能造成民營事業獨占，員工權益受損，甚至消費者權益受損（因爲可能有公用事業民營化），這些可能的弊端均應思考對應辦法。健全工會組織、通過公平交易法、消費者保護法等，均有賴行政與立法機關勉力爲之。至於移轉過程中可能有的過度行政裁量權，應謀在施行細則中加以規範。

自立早報 一九九一・五・二十四

對公營事業預算運作的看法

◆林忠正

國營的中國石油公司表示中油的成本計算，會因爲對象不同，而有不同的說法。中油對於立法院委員的油價調整的質疑，是根據預算編列的方式來加以解說，不外乎是向立法委員強調油品價格跌價的空間極小；但是針對社會大衆的不滿，中油的說法，就台幣與美元的側重匯率，改變貨物稅稅基的提高使得中油即使購油成本下降了，也無法使汽油的價格跌過一元。

濫編預算公開的秘密

根據中油的預算，目前預估未來一年的石油成本以每桶美金二十三元爲基準，但是目前中油本身實際的預估成本卻是每桶十七・五美元。這種預算編一套，運作又另有一套的作法在台灣區公營事業之間比比皆是，而且已經是公開的秘密，許多不肖的民意代表也利用公營事業這種濫編預算的事實，運用審核預算的權力分贓抽頭，與公營事業勾結一起，共同奮力剝削，一般納稅人和消費大衆。有時候，一些公營事業爲了避免經營壓力，還會散佈一些不實消息來欺騙社會大衆。例如在中東戰爭前中油的購油成本是每桶十四·五美元，而中油對外宣稱油價是二十三·五美元，泡製消費大衆對油價即將大漲的預期，降低一般大衆對油價調升的抗力。目前國際之間實際的購油成本約在每桶十五美元，中油的實際購油成本卻高達美元十六·五元以上。台電也屢次對外宣稱電力不足，形成以價制量的有利環境。事實上台電擁有一千七百萬瓩的發電容量，目前瞬間尖峰負載也不過一千四百多萬瓩，仍有百分之七左右的備容量，平常的備容量那就更高了。但是，台電就不會自責發電設備檢修的時間管理不當，而造成缺電現象。

公營企業應以服務爲重

依照民生主義的精神，公營事業的存在目的是在於避免私人獨占資本的壟斷缺點。因此，公營事業應該限於一些自然獨占的公用事業，而且應該以成本計價的方式服務大衆爲事業經營的目的。但是，台灣大多數的公營事業，卻以盈餘繳庫爲經營的最重要目的，而且，員工的績效獎金也是公營事業經營者在達成盈餘目標之後所追求的最重要目標。而這二種動機之下，公營事業低估業收益，高估成本的作法自然會制度化。公營事業經營者就可以依據收益的實況，調整成本的支出，輕易管理即可達到法定盈餘的目標，並且也可以不太費心力，就可創造超額盈餘，爭取員工以及經營者本身的高額的績效獎金。有的事業單位還會玩弄預算編製的魔術，也有辦法在虧損的事業單位爲員工創造最高額的績效。如果我們檢視公營事業單位各年的預算書與決算書，就可以發現低估收益，高估成本是台灣公營事業的通弊。公營事業以及其轉投資事業的每年預算都是數以千億爲單位，不但是台灣多少黨、政、軍官員、各級民代和政客眼中的俎上肉，也是腐化台灣政治的重要源頭。公營事業產品與服務的價格製定，除了計算缺乏經營效率的成本之外，也包括了一些「隱藏稅」和「五鬼搬運」的行家手法。

課徵隱藏稅逃避民意監督

政府將財政收入的目的隱藏在公營事業產品價格之中，一般人在購買產品時，就已經無形地繳了這種隱藏稅而不自知。政府如果要以增稅的方式增加財政收入，一般納稅人就容易有所察覺，而產生抗拒和監督的力量。所以，政府經營獨占事業獨占事業達到政府財政收入的目的，就是政府向一般大衆課徵隱藏稅，而可逃避民意的壓力，本質上就是政府運用無形的五鬼搬運法向民間徵收資源，同時，政府也可以利用公營事業的價格結構，進行財富和所得的重分配，圖利某特定對象，這也是另一種無形的五鬼搬運法，一般人也難察覺，例如利用消費性和生產性油品的價差，或者工業和民生用電的價差，強迫一般消費大衆支付高價，補貼工業生產的事業主，差別定價運作的結果，通常造成愈大的工業鉅子，所得到的補貼比例愈高，形成台灣貧富高差距擴大的來源之一。

公營事業預算一本帳，運作另一本帳的現象只是露出了冰山之一角。公營事業及其轉投資事業的體系其實是台灣官官相護政商勾結的重要關鍵，就是要進行這些勾當，才會有公營事業單位預算編列浮濫，而上級長官卻視而不見，各級民意機關不少民代也不計「毀譽」勇於護航。

政治之癌該動刀了

所以有位經濟學家說得好，台灣龐大的公營事業體系是台灣政治之癌，再不動刀清除這些癌細胞，台灣政經活動永無正常化的一天。凡是沒有自然獨占特性的行業皆應自由化，不是自然獨占的公營事業皆應儘速民營化。據此，中油沒有必要獨享油品市場，政府也沒有必要禁止民營發電廠，電話服務也沒有必要由電信局獨占，配電和電話網路設備具有自然獨占的特性則可保留爲台電和電信局公營。其他形形種種的公營事業絕大多數皆已喪失必需公營之目的，目前法令藉口保護民衆利益，而保障這些公營事業免於競爭，其實政治力量利用法律剝削人民利益的體制，這雖然是許多黨政大員認爲「依法辦理」的「法治」精神，但是這種惡法亦法的迷思應及早破除，才能建立一個自由、公平的競爭環境。

民衆日報一九九一・六・十三

剝削的眞相

◆楊澤泉

正當執政當局以龐大的外匯存底炫耀經濟成就於世人時，也正是台灣的國際競爭優勢一再退卻時。過去主要賴著台灣人民勤儉的美德所形成的台灣經濟奇蹟，卻因政府的結構與功能異常致每下愈況，遠落後於日本，再落後於新加坡，晚近又讓韓國超前。展望未來，剝削的體系不除，除了經濟奇蹟不再，連台灣過去賴以安身立命的勤儉美德皆將消失殆盡。

長久以來，透過政府公部門的財政收支與企業私部門的壟斷體系，台灣的剝削眞相早已顯露無疑，近年更因不正常的資本市場使剝削體系變本加厲，亟待人們嚴重關注。

政府公部門的剝削

八十一會計年度各級政府的總預算達一兆五千億元，約占國民生產毛額的三分之一，台灣的二千萬人口，每人每年達七萬五千元，平均每人每天則達二百元，人民的負儋不可謂不重。更且政府主要的收入來自間接稅及其他專賣與公營事業收入，因此中下階級的弱勢團體如勞工等的負擔更是顯著。而且依據財政部的計畫，八十二年度預算又要增加約二千億元以挹注所謂的六年國建計畫，以六年國建約八兆多的預算，約爲目前年度預算六倍的情形，在可見的未來，台灣人民的潛在負擔的確不難了解。

尤其，各級政府的支出中，一般政務支出與國防外交支出所佔比例最高，以八十會計年度爲例，即達卅一％。歷年中還曾有高達六十％者。也即由於不當的政府結構與功能，三級政府（中央、省、縣）四級財政（加上鄉鎮市級）五級決策（再加上國安會）的層層架構與政府層級，不僅導致施政無效率，甚且產生肥胖的大而不當的政府，致目前公務人員達七十四萬人，更且以每年八千至一萬人的速度增加。因此，使得人民迫切需要的公共建設與服務顯得極爲有限也就不足爲奇了。

企業私部門的剝削

國民黨政權除了透過政府收支及公營企業進行剝削，更且透過所謂的民營及黨營的企業形成壟斷體系，剝削中小企業以及一般民衆。四十餘年來，透過政策性的管制與干預，如關稅、特許權等，使得諸如保險、水泥、交通、信託、石化、汽車等產業形成壟斷體系，也是形成今日台灣財團的基礎。任令這些財團剝削勞工，破壞環境，並從市場壟斷中獲得龐大利益，置消費者權益於不顧。仰仗國民黨政權的保障與特權的產業，在剝削之餘也造成台灣競爭優勢的每下愈況，所謂產業升級的瓶頸也即在這種大（企業）主內小（企業）主外的不公平體系中產生。

投資市場的再剝削

政府公部門不當的經濟政策導致一九八六年以後的總體經濟嚴重失衡。新台幣匯率被迫大幅升值，貨幣供給量巨幅揚升，使得外匯、房地產、股票等的投資市場產生大幅的波動。中央銀行因應匯率變動而產生的巨幅帳面損失，本質上即造成國民所得重分配的效果，也即數千億的匯兌損失終必由國庫塡補。大企業因操作外匯所獲巨額的利益即來自廣大的納稅平民。房地產價格在不到五年的時間上漲三至五倍亦使得擁有自己的家只有夢想。至於股市，從民國七十四年，年股票成交金額不到二千億到七十九年的單日成交金額達二千一百六十億的過程，巨幅的股價指數變動與高週轉率，使得股市這個大衆化的資本市場，成爲國民黨中央投資公司與民營大財團對台灣人民的再剝削的屠宰場。

剝削體系的後遺症與去除

勤儉的台灣人民創造台灣的經濟奇蹟。然而，公私部門的剝削卻使台灣的競爭優勢不再，而投資市場的再剝削，更使得台灣的社會經濟產生更嚴重的失調。勤儉的美德消失，貪婪的惡習逐漸誕生。

剝削的眞相，在國民黨名不正言不順的政權體系下，爲維持其旣得利益的不二選擇，也是台灣人的夢魘。惟有剝削體系的去除才是確保台灣利益的關鍵。是則，建立一個主權在民的新國家，使其所組成的政府具備公信力，才得以發揮公權力。如此，所謂的剝削才得以眞正消除，而人民眞正的福祉也才得以確保。

民衆日報 一九九二・一・三

公營與黨營事業的獨佔

——台灣政經之癌

◆張清溪

〔**編按**〕：本文原是張清溪發表在「全國民間經濟會議」論文（同名），由自立早報節錄。原文刊登於《全國民間經濟會議實錄》第二部分（主題：開放），第二十五至五十一頁。

在非共產國家裡，政府對經濟活動的干涉，從淺到深包括以法令規章的一般性規範（如公平交易法、產業升級條例）、對物價或數量的控制（限價或限量）、進入障礙（特許經營或禁止設立）、以及直接從事生產活動（公營事業）。公營事業既是政府介入最深的干預市場模式，而一般情況下政府干預市場機能都會使資源配置效率降低，因此民主國家政府多盡量避免採行。縱使在一九三〇年代世界經濟恐慌之後，應運而生的凱因斯理論（Keynesian）強調大有爲政府，亦只是政府透過財政政策從事公共建設，而非直接介入生產事業。其後福利國家（Welfare States）興起，政府以行政力量從事醫療衛生、退休養老及失業保險等福利政策，仍然與共產國家由政府主宰生產活動之「資源決策權」的公營生產事業（加上財產國有制），在性質上截然不同。公營事業較多的非共國家中，除了像南非殖民政府的特殊情況外，就是英、法在二次大戰後陸續將企業收歸國有。不過，英法公營事業長期以來腐蝕國庫的教訓，也促使兩國成為一九八〇年代「公營事業民營化」的要角。

裁判兼任球員殘害自由經濟

政府對市場的其他干預與公營事業之間最大的區別，就是公權力從擬定經濟活動的規範（有如裁判）變成經濟活動的實際參與者（有如球員）。本文要討論的，就是政府從經濟活動競賽的裁判者變成球員後，將造成什麼樣的問題。但在台灣，政府直接從事經濟決策的行為，除了公營事業之外，還有公營事業轉投資事業，與公費成立的財團法人及其轉投資事業，其中有些在現行「法律上」不列為公營事業，但其「公營」性質殆無疑義，因此在「經濟分析上」絕對是公營事業。再因台灣光復四十年以來，中國國民黨長期執政，造成黨國分際模糊，使得國民黨的「黨營事業」在性質上也是「政府介入事業之經營」，與公營事業由執政者兼任球員的特性，並無二致。因此，探討公營事業對台灣社會經濟的影響，黨營事業必須一併納入考慮。事實上，從資源配置之效率與公平的影響程度上，非官定的公（黨）營事業比法律界定的狹義公營事業更為嚴重，因為前者脫離了行政評鑑、審計考核與民意監督。以下從公營事業之規模、範疇，以及其成立背景、條件與經營績效、影響等之討論中，我們將會發現，公、黨營事業不但有損效率、有負公平，更是台灣自由經濟與民主政治的癌細胞，而且幾乎已發展到無法割除的地步。

獨佔未必賺錢特權獲取暴利

大家都知道公營事業缺乏效率，經營績效不好。但若由光從統計報告表上看，公營事業之營業績效不一定比不上民營事業；只是，進一步檢討就很容易發現，賺錢的事業必是獨寡佔事業（但獨佔事業卻不一定賺錢）。不過，眞正獲取暴利的，除了少數公營事業外，卻是某些特權成立的公營轉投資事業與黨營事業。

數據顯示：一九八七（或一九八八政府會計）年度，公營事業之資產爲民營五〇〇大製造業七・七倍，其營收總總額則不到〇・八倍，獲利率（盈餘／營收）爲一・八倍，資產的生產力（營收／資產）只有〇・一倍。此似顯示公營事業使用資源的生產力極差，但其獲利能力不錯。事實上公營事業賺錢的只有少數幾家獨佔事業。以省營事業爲例：如把公賣局從原來三十四家中剔除，則剩下的三十三家省營事業（包括多家銀行）之獲利率，馬上從原來是民營製造業獲利率（〇・〇九）之兩倍的〇・一八，掉到〇・〇六。公賣局的龐大盈餘，照理應列爲企業間接稅，並非公賣局經營績效良好的反應。國營事業則依靠中油、台電、電信局等獨占事業的支撐，才有盈餘，不但盈餘都是獨占的結果，更可慮的是，有時公營事業盈餘增大，只反映政府的錯誤政策，對整體經濟反而是一種傷害。例如，一九八五年公營事業績效特別好，主要就是因爲中油未及時反應油價下降所累積的超額盈餘所致，其破壞價格機能，有害整體社會的資源使用效率。

政治掩護經營實力不堪一擊

不過，比起不受審計單位與民意機關監督的公營事業轉投資，以及部份特權黨營事業，獨佔之公營事業可觀的利潤率，卻顯得小巫見大巫、相形見拙。例如，正牌的獨佔公營事業台灣鐵路局一九九〇年度營收一五一億元，不但沒有厚利，反而虧損了五十四億元。而公營轉投資披著民營外衣躲過民意監督的「台灣機電工程服務社」，對外號稱『非營利』的財團法人，卻在一九七七年成立以來以承包台電工程爲主要業務，迄今十二年間由原來的三〇〇萬元基金陸續滾入「盈餘」累積成一三三五〇〇萬元（資產總値更達二十億元），平均每年賺取超過一億元的利潤。專門承辦政府部門委託石化觸媒、污染防治、節約能源等研究的『非營利』財團法人「中國技術服務社」，一九九〇年營餘三億三千萬，一九八九年五億六千萬（佔該年業務收入七億八千萬的七十一%），一九八九年二億二十四萬（佔業務收入的六十一%），投資報酬率超過四〇%，另外，由公營單位百分之百轉投資的榮電公司，資本額一千八百六十萬元（其中四分之一來自台電婦女文化工作基金會），一九八九年稅前盈餘高達一一六〇〇萬元（不小心一點就會超過資本額了）。

披著民營外衣轉投資一路發

至於黨營事業，外界所知更少。但幾家證券相關獨、寡佔事業，如台灣證券交易所（獨佔）、復華證券金融（獨佔證券信用）、中興票券與中華票券（寡佔），在股票狂飆的近幾年，每年均有龐大的利潤。例如，中興票券的營業利益均超過營業收入的百分之五十，純益率在四十五%左右。

事實上，不論是公營事業、公營轉投資或『非營利』的財團法人、甚至是黨營事業，其盈餘無一不是依賴獨佔、專案授權或承包公營事業業務而來。一旦露在市場競爭環境下，則這些事業就經營乏力了。例如，開放報禁後，幾家黨營的報紙就率先關門歇業。其後民營的首都早報停業了，但如非各級政府機關學校、軍隊等單位的強迫訂閱，則中央日報與青年日報早就無法平衡。在股票飛漲時（一九八八年）成立的黨營大華證券，根本不是同業眼中的對手，如非依賴其他黨營事業與公營事業的委託承銷股票，怕已不在人間。其他經營不好的黨營事業，如中華貿易開發（一九八六年虧損重整，由農民銀行等接管）、新興電子（生產最熱門的PC板，十九年來把資本額全部賠光後，重組爲欣興電子），都是在市場中敵不過同業的競爭。企業經營中浪費最嚴重，並不一定是連年虧損的事業，相反的，厚利可期之公司的內部浪費可能更難以計算。有些企業可能怕超高的利潤率引人側目，故意設法增加成本。例如，財團法人台灣大電力研究試驗中心一年營業收入一二六九七萬，盈餘一、二千萬元（不算太多），但其管理部十四位員工，平均每月薪資（連同獎金）高達76,976元。企業內部的浪費情形很難評估，因爲缺乏比較的標準。台糖公司擁有不止一家糖廠，原料技術人力等都差不多，因此提供一個可資比較的環境。薛琦教授利用一九七六～八三之八年間台糖的23家糖廠資料，發現效率最好的廠使用的投入，約爲效率最差的一半不到。在剔除掉諸如地區、甘蔗品質、設備利用度、不同廠的生產能量等差異性的影響後，各廠效率差異仍有三分之一無法解釋。薛教授的結論是台糖糖廠顯然存在有技術上的無效率。由於其間的技術效率差異在觀察的八年間，一直持續穩定存在，顯見政府面對外在條件變革缺乏應變能力。

除了犧牲經濟效率之外，公、黨營事業對公平性的傷害一樣嚴重。公、黨營事業在設立上、業務上與經營條件上的諸多特權，造成對民營業者或其他黨派不平等的待遇。例如在設立上，金融證券票券、天然氣、電視電台大衆傳播等，一向是國民黨的禁臠。在業務經營上，可用一九八九年三月《卓越》報導爲例：省屬七家行庫對復華證券金融提供八十一億六千萬年利六%的「無擔保放款」，是復華資本額的四倍；復華光是以八·二五%利率來貸給投資者，一年就可賺取一億八千萬的差額，其中半數（國民黨擁有復華四十九·五%股票）進入國民黨荷包。同一報導的另外一項有案可查的是，在股票飛漲的一九八八年，國民黨中央投資公司僅賣出台苯與東聯股票，就至少獲利二十五億元；這些錢從那裡來？據中央研究院在一九九〇年五月所做的「社會意向調查」，一九八八年那年投入股市的股票買賣者，最後有超過八七%的人賠本。這就是國民黨黨營事業的典型財富重分配效果。

不肖黨員理論台灣政經之癌

經濟學在討論家庭內的親子間互動行爲時，有一個所謂的「不肖子理論」(Rotten Kid Theorem)，意思是說：假設子女對父母沒有天生的孝心，只要父母是有效的(effective)資源分配者，即父母給子女的超過子女給父母的，則子女爲了自利，其行爲會做得像有孝心的子女一樣。爲什麼呢？因爲自私的子女若不聽話，其結果會對自己不利，只有設法讓全家所得最大；自己的所得也會最大。這種不肖子的孝順行爲，甚至不必監督，也不管孝行是眞心或假意，只要行爲的結果可見，則子女不會做出圖利自己一分卻傷害家庭兩分的事情。

把這個理論用到黨中央與黨員的關係上，則可導出「不肖黨員理論」，意思是說：只要黨中央是資源的有效配置者，則心懷二心的黨員爲了自利，也會做出忠貞不二的行爲。黨中央要成爲資源的有效配置者，就必須擁有龐大的財源。有兩個方法可以達這個目的：一是讓黨庫通國庫，蓋以全國人民所納稅金，自然足以做爲一黨控制部分有影響力黨員之財力後盾；其次是讓黨經營控制厚利的事業，以便有滾滾不斷的財源。一般政黨財務所依賴的政治獻金，很難長期持續的奉獻到讓黨中央得以有效利用財力控制黨員的地步。

爲了台灣經濟的眞正自由化，政治的民主化，公營事業應儘快民營(但必須避免黨營化)。其中尤以轉投資事業的民營化，與電子媒體的開放爲最迫切。此外，我們並應追查國民黨黨營事業的資金來源。國民黨中央財委會爲了開設大華銀行，曾聲稱其「黨費不夠用」。既然如此，則國民黨的黨營事業最可能的來源就是黨庫通國庫，因此理應全部收歸國有。只有在公營事業民營化，並將國民黨黨營事業充公，台灣的政治民主與經濟自由才有希望。

自立早報　一九九一・二・二十二

國民黨應放棄黨營事業

◆陳師孟

對於國民黨要採取向社會大衆公開募集政治獻金之事，我認爲這是比較健康的做法，個人樂觀其成，不過，國民黨是不是能夠完全放棄黨營事業，朝向政黨政治募集資金的正常化運作，個人表示非常悲觀。

國民黨黨務發展基金募集委員會，召開記者會宣稱，將確立以政治獻金的方式來募集黨務發展的基金，我認爲這是國民黨向正常的政黨政治邁進的一步，是一種比較健康的做法，因爲若每筆政治獻金都有記錄，而且第三者可公開向內政部申請查帳的話，那麼國民黨的黨務運作就會朝更公開、更民主化的方向發展。

不過對於政治獻金做法並行的黨營事業，我個人一向都持反對的意見，雖然國民黨方面一再強調黨營事業的合法性，但是我認爲一方面法是他自己訂的，一方面黨營事業違反了立法的宗旨，而且也有違政治團體的宗旨業務和標的業務，形成一種「掛羊頭賣狗肉」的現象。因此，除非國民黨完全放棄黨營事業的做法，而採取政治獻金等等屬於民主國家政黨政治募集資金的正常途徑，其與民主國家政黨政治的理想，仍有一段不小的差距。但是要國民黨放棄黨營事業而採正常管道，我認爲恐怕非常悲觀。

悲觀的理由，是因國民黨目前能夠吸引一般社會大衆的，在政治理念上是「一片空白」，只能藉著它所建立的黨營經濟網路，提供就業及賺錢的機會，以此來收買人心，如此，它怎能輕言放棄黨營事業帶給它的利益呢！

悲觀之餘，我還是希望國民黨能夠正視多黨時代的氛圍，遵守各種遊戲規則，不要再用「訓政時代」一黨壟斷的手段來阻撓民主政治的發展。

自立早報　一九九二・一・二十三

黨政分際「攏同款啦」

——三哭王建煊

◆張清溪

國民黨成立金融黨部，並以現任財政部長王建煊爲第一屆主任委員。報載王建煊曾數次以「財政部長不適合擔任金融黨部主委」爲由推辭，最後屈服在黨中央「特種黨部一向由主管機關首長擔任」的「慣例」壓力。連王建煊這樣一條血性漢子都堅持不了原則，降志委屈在國民黨掌櫃徐立德的擺佈下，我們除了對國民黨黨機器的龐雜再次讚嘆驚「厭」外，眼看王建煊靈魂的墮落滅亡，在這新年伊始，合該一哭！

王建煊事前不肯接受的理由，是怕外界指責其黨政不分。事情曝光後，確引起各界交相批評。我們不禁要問：外界憑什麼作此批評？王建煊又爲何預知外界會這樣批評？這不正表示王建煊與各界有「國民黨各特種黨部一向都黨政不分」的「共識」嗎？更有甚者，最令人詬病的「由校長兼任各校知青黨部主委」，若與金融黨部所可能引發的黨政不分相比，眞要小巫見大巫了：因爲國民黨最多金融黨營事業，財稅當局過去又屢次以黨性爲查帳對象。王建煊心知肚明，卻還要明知故犯，理應再獻一哭。

王建煊表示，不做主委也不表示黨政可以分際；成不成立金融黨部對國民黨弄一些不合理利益，「攏同款啦」！誠哉斯言！只是成立了金融黨部，當了主委，更變本加厲而已！我們明知很少人拒絕得了這種黨國不分的「金」「權」誘惑，只是遙見王部長弓著半推半就的身子，還要粉飾是非、助紂爲虐，不禁悲從中來，三哭王建煊。尙饗。

自立晚報　一九九二・二・十

台灣證券交易所不是獨占事業？

◆尤英夫

本人向行政院公平交易委員會申述台灣證券交易所的涉嫌違反公平交易法，引起了很多人對該法第十條及第四十六條的不同解釋，應該有助於對該法日後作出正確的詮釋與運用。

除了證券交易法第八十五條第一項「證券經紀商受託於證券集中交易買賣有價證券，其向委託人收取手續費之費率，由證券交易所申報主管機關核定之」的規定以外，並未明定台灣證券交易所有權強制各證券商收取固定的證券交易手續費。實在談不上是依法律規定之行為，無法排除公平交易法之適用。

如果再檢視台灣證券交易所的「濫用獨占地位的行為」，讀者也應該為各證券商及大衆投資人喊叫不平。

首先，台灣證券交易所股份有限公司營業細則第九十四條第二項明定「證券經紀商不得任意增減手續費，或以一部或全部付給委託人或給買賣有關之介紹人作為報酬」。如果證券商有違反，則依該營業細則第三十一條：「證券商有左列各款情事者，本公司應依證券交易法

第一百三十三條之規定，通知其繳納違約金或停止或限制其買賣或終止契約……二、違反本公司章程、營業細則、受託契約準則或其他章則者」，加以處罰。其實證券商向客戶收取多少之手續費或甚至不收取手續費，證交所是完全毫無理由予以干預的，而今台灣證券交易所的作法不是濫用其獨占之力量，又是什麼？

再者，台灣證券交易所股份有限公司證券經紀商受託契約準則第十五條第二項也規定：「證券經紀商不得任意增減手續費，或以手續費一部或全部付給與委託人買賣有關之介紹人員作爲報酬」，這種連證券經紀商受託契約之內容都要干涉、介入，難道不違反公平交易法第一條的立法目的：「爲維護交易秩序與消費者利益，確保公平競爭……」？

有人說，台灣證券交易所尚未被公平交易委員會公告爲獨占之事業，因此尚無違反公平交易法第十條第一款之可能。這更引起一連串値得深入探討的問題：台灣證券交易所難道不是台灣惟一的證券交易所？難道不是獨占之事業？難道這也要公告才算是獨占之事業？如果公平交易委員會都不公告的話呢？

我無意爲這些問題，提出答案。更不想要有人因此而受處罰。我祇是提醒那些可能濫用特權的人，多多注意，並且遵守法律的規定，如此而已！

中國時報 一九九二・二・一〇

第四輯

政商關係

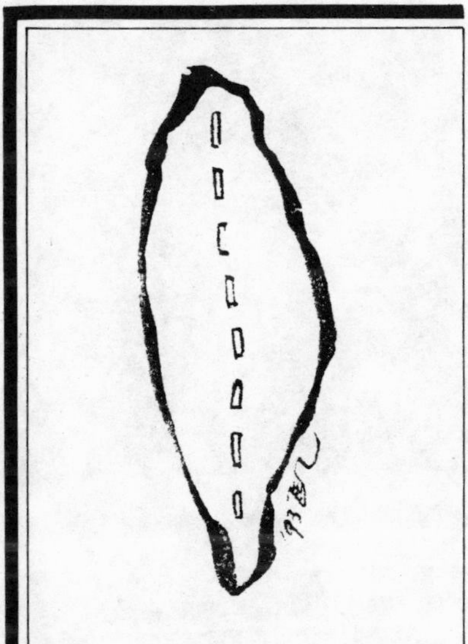

這種商人，眞太傷人了！

◆李筱峰

〔**編按**〕：一九九二年六月，中央研究院所做的「社會意向調查」顯示，全國民衆認爲有害經濟發展、投資環境的四大因素，是「治安不好、政治不安、貧富不均、物價不穩」。又據中央銀行外滙進出資料，近年内幾次大量外滙流出的時間，都在國民黨内鬥熾烈之際。其中尤以一九九〇年所謂的「三月政爭」（主流非主流爭總統寶座）最爲嚴重。

有三個工商團體「中華民國全國工業總會」「中華民國工商協進會」「中華民國全國商業總會」，有錢不會花，在報上買了一個全版的廣告，刊登一則啓事，啓事的要旨說「爲少數學生抗爭活動及所謂『五二〇』遊行引起社會人心浮動不安，影響工商業發展之虞，特聯合發表聲明」。

在聲明中，一開始就先來一段陳腔濫調，說：「堅決主張維護全民團結、社會安定，共謀國家之富強與繁榮。反對一切破壞社會治安，不顧國家存亡的違法行爲。」（這段廢話，我完全同意，但正因爲這些空洞籠統的話，沒有人反對，所以是廢話）奇怪的是，這則聲明所反對的「不顧國家存亡的違法行爲」，不是指那些官商勾結、政商一體的事情，也不是指那些迎合中共政權的「統戰」言行，而竟然是指知識界反抗政治迫害的行動。因此，這則聲明一口咬定「對於學生抗爭活動所造成人心浮動不安，影響工商業正常活動，傷害投資意願。」

看到這則啓事，我又不期然想起民國初期的袁世凱政府，一九一三年，當政的袁世凱因爲製造宋教仁命案、善後借款，免除國民黨三都督等案，引起國民黨發動武裝暴力革命（「二次革命」）。二次革命正在醞釀的時候，袁世凱就發出通牒，痛詆孫文和黃興等，說：「現在看透孫、黃，除了搗亂之外無本領，左又是搗亂，右又是搗亂，我受四萬萬人民付託之重，不能以四萬萬人財產生命聽人搗亂，……」袁世凱所感覺到的，只是別人的「搗亂」，沒有感覺到自己的專制獨裁才是動亂的根源。

若以今天三個工商團體的聲明標準來看，二次革命所造成的「破壞社會治安」「不顧國家存亡」的程度，絕對千百倍於今天的靜坐抗議。台灣有陳文成命案，有江南命案，有林義雄家宅祖孫命案，但台灣並沒有暴力的二次革命，直到近年來，才有示威遊行、靜坐抗議而已，台灣人民已經夠理性了。爲何台灣的部分商人，還要學袁世凱的句型來傷人？

再繼續以二次革命來看，當革命軍攻打上海製造局時，也有商人團體發佈意見。當時的上海商會，曾致函南北兩軍，內容說：「贛省事起，風潮驟急，商界首當其困。本人宣傳南北軍在製造局將有戰事，商民恐慌，要求設法維持。頃間全體開會，決議上海係中國商場，既非戰地，製造局係民間公共之產，無南北軍爭奪之必要。無論何方面先啓釁端，是與人民爲敵，輕啓釁端，衆商感戴。」部分商人只顧眼前小利、只顧本身私利，古今皆然。不過當年二次革命時，上海商會還會有「無論何方面先啓釁端，是與人民爲敵」的「中立立場」；今天的台灣商人，卻是一面倒的爲權者立言，把一切責任推給抗爭的在野一方。更何況今天的在野的抗爭，較之於二次革命，不知溫和理性幾百倍，卻反而遭此苛責。

其實，對於任何一項政治改革行動，最容易產生「人心浮動不安」的，通常都是那些既得利益的人。例如，清末的康梁變法，最感不安的是那些滿洲權貴，僅廢除科舉一項，就引起數百翰林、數千進士、數萬舉人、數十萬秀才、數百萬童生的齊聲反對。今天，在這個官商勾搭的政治環境中，任何一項政治改革的要求，會引起與政界掛勾的商人的「人心浮動不安」，無寧是必然的現象。

不過，令人感到啼笑皆非的是，這群「人心浮動不安」的商人，在聲明啓事中，竟然「呼籲全體民衆應在政府領導之下，精誠團結，擁護李總統及郝院長的領導」，殊不知郝柏村與李總統之間，經常裂痕纍纍，讓人民看了眼花撩亂，無所適從。例如：李總統說，「在我們憲法制訂以前，外蒙古已經獨立了」，但是郝柏村卻接在後面表明「外蒙仍是我國領土」；李總統說，台獨是中共逼出來的，十天後，郝柏村就動手抓台獨青年給中共看，給李總統難堪；李總統說「要給民進黨活動的空間」，郝柏村卻旋即指示把備受訾議、不利在野黨的「軍人不在籍投票制」列入選罷法修正草案中，並且敲定對於政黨比例代表制逕採對在野黨較不利的「一票制」……。凡此種種，我們看到這位曾被李總統視爲「肝膽相照」的軍人閣揆，卻是處處與李總統過意不去，我們眞想「擁護李總統和郝院長的領導」也不知如何擁護起。看來，造成人心浮動不安的原因，只有待郝柏村少發揮一點軍人本色、請商人們少傷人，才能消除了！

自立晚報　一九九一・五・二十

工商界應體認國會抗爭與社會運動的價値

◆楊澤泉

前言

「五二〇」遊行前夕，工商界三大團體在各大報刊載全版聲明，聲稱「遊行引起社會人心浮動，影響工商業發展，降低投資意願」。然而部份理監事表示事前不知情，並且質疑這項聲明是否爲工商界應官方之請而出面表態的行爲？同樣的，當國大臨時會與立法院院會因修憲而引發嚴重的肢體抗爭時，亦有部分的工商界揚言不惜上上街頭，抗議國會的紛爭。

究竟工商界應如何看待國會抗爭與社會運動？什麼因素才是「造成人心浮動，影響工商業正常活動，傷害投資意願」的元兇？

台灣產業競爭力衰退的初探

韓國原本將台灣視爲最大的競爭對手，但最近的調查顯示，台灣的排名已次於日本與中國，而淪爲第三。又去年底「天下雜誌」對企業主的調查顯示，過半數的企業主認爲台灣產業競爭力下降乃是去年不景氣的主要原因。儘管台灣在一九八〇年代以前，在克勤克儉的勞工與充滿活力的中小企業的努力下，曾獲得多項「台灣第一」的美名。然而曾幾何時，台灣竟淪爲「賭博王國」、「貪婪之島」等惡名。究竟投資意願與產業競爭力降低的原因何在？

1.政治不清明，白道縱走——紅包文化在繁文縟節的政治體系下，幾乎已成爲企業界必要的開銷。尤其司法、稅務、地政、警政人員更爲普遍，民國七十年台北市政府所做的相關調查，十年後的今天是改善了呢？還是變本加厲？商人也許可接受，但企業家不屑爲之，轉移他國不足爲奇。

2.地下經濟氾濫，黑道橫行——惡劣的政治環境是地下經濟的溫床。地下經濟除了色情與販毒外，經常是管制過多與不當所引起。有人戲稱台灣除了鐵路未地下化外，大部分產業地都下化。如地下投資公司、地下錢莊、野雞巴士、地下舞廳、地下旅行社、地下補習班……。這些企業除了白道紅包外，又要支付多少保護費與維持多少保鑣。再加上黑白掛鉤，治安如何可能好？根本問題不解決，空有「貽笑世界」的治安內閣，除了引發另一波的惡性循環外，企業界的生命財產安全又如何得到保障？如此，所謂創業與企業成長又有何意義？企業不出走又當如何？

3.黨政不分，裁判兼選手——龐大的黨營事業，透過政府的管制而獨立（復華證券）或寡佔（銀行、電視、石化、水泥、航空……），以牟暴利，公平何在？投資機會又在那裡？大企業或可分一杯羹，多數的中小企業除了任其剝削外，又能如何？

4.官商勾結，小大通吃——官商勾結早已不是新聞，除少數殺雞儆猴的選擇性執法外，多數總在事出有因查無實據下不了了之。撇開存心不良的勾結，其實政府與民間合作的投資應是常態，也可提供企業更多機會，但必須是公開且無不當利益的輸送。在台灣，不管是政府或公營企業與大企業的勾結，大小通吃的結果，中小企業除「啃骨頭」外，又能如何？

5.朝令夕改，無所適從——不只是朝令夕改，夕令夕改也不足爲奇，尤以郝柏村上台後更形嚴重。一聲令下，人仰馬翻。KTV事件、愛心獎券停止發行、北宜高緩建、油價調整、分區停電、六年國建計畫等只是衆所週知的案例。人心的浮動與不安，豈只是企業工商界而已。

國會抗爭與社會運動有助於政經環境大改造

在世界經濟舞台上，前有強敵，後有追兵，競爭優勢絕不可少。台灣的民主已遲到四十二年，所累積的各種亂相已使企業環境極度惡化。企業出走與投資意願低落只是企業界「無言的抗議」下所採取的手段。尤其郝內閣上台後，財政部的查稅行動與調查局的拘提行動曾引起企業界的惶恐，經濟部要求曾赴大陸投資的業者自首否則得議處，又行政院取締八大行業與因應龐大六年國建計畫的增稅措施亦引發不安。

國會抗爭與社會運動無疑的是過去數年中影響國內政經改革的原動力，也是反應前述社會亂相的必要途徑，更是督促執政黨進行全面改革的利器。

政府功能的不彰是台灣產業競爭力衰退的主因，更是造成投資意願低落的元兇。國會抗爭與社會運動是改造政府的捷徑。它們促使政府因具備民意基礎而有公信力，有公信力的基礎而形成有公權力的政府，有公權力的政府才能制定與執行適當的公共政策。

也只有從這個角度，工商企業界才能清楚了解國會抗爭與社會運動的價值。同時，也是形成國家長期競爭優勢的必要途徑，只有如此，台灣才有前途，企業界才有發展的空間。

自立晚報　一九九一．五．二十八

企業與政治的關聯性

◆林嘉誠

〔編按〕：一九九二年十月，王建煊辭財政部長，引發了國民黨「內」批評「黨政財團掛鈎太深」、「半數民意代表爲金錢控制」、「國民黨只對財團民主，對黨內假民主」等自我批評。國民黨與財團的密切關係，其實是執政四十多年長期演化的黨國資本主義之一環。大財閥沾沾自喜的政商特權，還不是這個體制的最內環，也因爲如此，政商關係成爲黨內派系間鬥爭的工具。

行政院長郝柏村日前在立法院表示，不希望大企業暗地支持左右政治，特別是民意機構，此風不可長。他並表示，聽說長榮很多地方運用財力影響介入政治。長榮是否運用財力影響介入政治，外人不得而知，可是以長榮航空全部依法申請設立，卻受到一波三折的待遇，長榮的政治影響似乎不高，否則豈會如此不順利。

金權政治　此風不可長

企業與政治之間的關聯性，不可一概而論，企業如果成立基金會，研究公共政策，以公民身分欲影響政治，係合理的作法。企業如果爲了特權與利益，利用各種途徑，左右政治，才是值得探討的現象。郝柏村表示國內大企業藉金錢成立基金會，公開宣佈支持特定的政治團體，乃是無可厚非，也是企業的權利。企業勾結政治人物，惡化金權政治，營私舞弊，才是此風不可長。

企業對政治的影響

企業與政治之間的關聯性，可分爲企業對政治的影響，以及政治對企業的影響。企業對政治的影響的動機可分爲：1公益動機；2私益動機。所謂公益動機係指企業家以公民角色，嘗試影響公共政策，此種公益動機不是源自企業家爲了個人或企業的私益，而是爲了改良社會，促進民主發展，提昇公共政策品質。私益動機則是企業家爲了個人或企業私益，影響公共政策部門法外施恩，遊說民意代表通過有利企業的法案，或是官商勾結謀取不當利益。

郝柏村未分淸事實，即一口咬定企業介入政治的不當性，乃是武斷的說法。國人反對的應是私益動機的企業介入政治型態，對於以公益動機介入政治，乃是企業家權利。企業家成立基金會，研究公共政策，資助民間智庫，更是多元化社會可喜現象，求之不得，豈能痛責爲金權政治。

政治對企業的影響

民主國家，企業家挾其雄厚財力，支配政治、經濟、大衆媒體、教育體系等領域的現象，的確值得正視。可是以國內長期威權體制，國民黨政府操縱社會每一層面，政治民主化有待推展。國內的企業家其實依賴政治的程度不低，企業家左右政治的成份，反而低於政治操縱政策決定，俾能享有特權，或取得不當利益。

對於以公益動機爲出發點的企業影響政治型態，不但是企業家的權利，也是企業家善盡社會責任的方式。美國不少基金會，例如福特基金會、洛克斐勒基金會、卡內基基金會，長期贊助學術研究，自己從事公共政策研究，扮演民間智庫角色，此種企業家應該得到鼓勵。國內企業家也有若干成立從事公共政策研究的基金會，乃是國內民間社會成熟的象徵，政府應該樂觀其成。

爲了私益介入政治

至於企業家以私益動機介入政治，只是爲了結交政治權貴，期望取得特權，保障企業私益，此種企業介入政治的型態，則不可取，而且是金權政治的主因，爲了企業私益介入政治，通常採取不當手段，例如金錢賄賂，支持特定政治人物，拉攏退休官員，捐款給民意代表，推派企業人士角逐民意代表，非法遊說行政與立法部門。此種私益型介入政治，通常希望行企業家的成份。

長榮案　威權體制寫照

國內不少大企業，平時以避免介入政治爲原則，對於在野改革運動，更是避之唯恐不及。企業家與政治互動，泰半是被國民黨政府所動員，以支持國民黨政府的活動爲主。由於國民黨目前有主流與非主流之分，才會有人抨擊企業介入政治的不當性。國民黨威權體制轉化，對企業的支配能力降低，因此對企業家的動態比較敏感。不同派系的政治人士，對於與自己派系不合的企業家，展開攻擊行動。此次長榮案，明顯含有此種痕跡。此種早期一手操縱企業家，目前由於無力掌握，加上內部派系分立，而對企業家痛責的現象，正是威權體制的最佳寫照。

民衆日報　一九九一・六・十四

長榮案平議

◆林明德

根據最近一項研究調查，在經濟競爭力方面，日本無可爭議的，仍居世界之冠，台灣則由於國內經濟表現走軟不力，加上因應新經濟現實的調適反應能力降低，故由去年的第二位滑落至第四位云。

通產省與企業合作帶動日本經濟

日本戰後能在經濟發展上表現出驚人的效率與成就，通產省的功不可沒。通產省和企業的默契，推動每一階段的日本經濟成長，從石化、煉鋼、到半導體、電腦、電訊等高科技工業莫不如此。日本經濟制度上最重要的特徵就是政府與大企業間密切的合作關係。

由於通產省和企業結爲一體，一旦選定關係未來經濟成長的目標工業之後，通產省就會用補助、貸款、減稅、關稅保護等方式，扶植企業茁壯，逐漸產生國際競爭力。靠著這種合作關係，通產省的工業政策才能成功地哺育羽翼漸豐的新興高科技工業，並減輕衰落工業爭紮的痛苦。值得警惕傚傚的是，通產省和企業的攜手合作，帶動了戰後日本經濟的高速成長，締造了日本的經濟奇跡。

反觀台灣，竟有政府部門甚至少數民意代表在扯企業後腿之怪事。難怪台灣這種日益惡化的投資環境，會有經濟競爭力不進反退的現象。

長榮案使政府與企業扭曲

最近長榮案由於少數立委之杯葛，演變成爲政治鬥爭的犧牲品，而長榮集團亦因受此無端的打擊，遂重新評估對國內的投資，有意轉往國外投資，因而引起各界的關注。蓋長榮與台塑同爲本土性的大企業集團，其動向具有表率作用，不僅對國人及外資都會產生副作用，且對台灣的經濟亦會造成不利的影響。台灣的投資除了勞工、環保問題之外，還要把複雜的政爭因素列入考慮。

長榮案無疑的是政爭的結果，由於牽涉到派系之爭，使政府與企業的關係受到扭曲，因其爲繼華隆案而引起，顯然是政治派系鬥爭的祭品。

台灣過去數十年來創造出來的經濟發展是政府或企業界一起努力而完成的，但是近年來企業界皆有力不從心之感，正當的事情都行不通，蓋政府唯恐圖利他人，應該做的事反而躑躅不前，使得企業的投資意願非常低落。國內投資環境本已惡化，長榮無端被捲入政爭漩渦，而又受到法令不週全的牽制，打算遠離是非圈，似乎也有其不得已的苦衷。看看日本的情形，顯然政府應該反省檢討，尤其以現內閣尤然。

投資環境惡化投資意願十分低落

政府官員口口聲說一切依法辦理，其實從長榮案有關航空法母法、子法相互牴觸，卻一直敷衍塞責的作法看來，政府本身就違法，足見台灣根本不是法治的國家。而少數民意代表，居然在惡名昭彰的華隆案之後，居心叵測，緊咬正派經營的長榮不放。既然有華航等前例，如此扼殺航空事業，豈是政府或立委所應爲。更何況本土企業集團的成功，雖亦有部分得力於政府的政策扶持，但絕大多數卻是奠基於傳統的篤實、苦幹的精神。這與華隆案本質迥然不同。

現內閣以強勢行政推動改革，一切應「依法」行事，如有法律本身相互牴觸時，也應隨時作合理的修改，以應實際的需要，不此之圖，連身爲最高行政首長的行政院長，竟也肆無忌憚的依據傳說，指責長榮運用財力影響政治，令人寒心。尤有甚者，郝院長對母法與子法的牴觸問題，均以一己以利害關係而斷定其取捨，今以子法對其有利，即指長榮案違背母法，但放任行政院的「選罷法修正草案」剝奪政治犯參政權，顯然違背國家根本的母法對基本人權的保障。如此爲逞一己私念，任意裁斷的獨斷作法，毫無政治觀念，對整個國家的施政與前途實堪憂慮。更具體的說，如非爲社會上繪聲繪影的執政黨派系之爭，影響其與工商企業集團的互動關係，何以荒謬至此。

視長榮為玩弄政治權術犧牲品

此次長榮案，讓我們認清少數別有用心之立委、政客，為圖私利，將長榮作其玩弄政治權術之犧牲品，罔顧國計民生，踐踏意願，其行徑實為人民所不齒。台灣今日尚能立足於此，主要靠經濟的實力，我們不能再沈迷於頻仍的政爭、派系的傾軋，使企業卻步。我們雖不敢期待有如日本通產省的作為，但政府的政策須有前瞻性、一貫性，不可動輒扼殺企業的生機。

自由時報　一九九一・六・二十四

擁抱土地和人民才是企業的根

◆林碧堯

企業出走，在這個社會已不是新聞，台灣商人早就奔忙於台灣海峽對岸而蔚爲時尙；不過超級企業的任何「出走」的風聲，卻足以使這個脆弱的體制「鶴唳」不已！去歲台塑企業隔洋的四封萬言書，搞得政經官員心亂如麻；最近長榮集團的「撤資」傳聞，社會隨之暈眩，民心士氣有如板盪！但若爲了「剷除投資障礙，改善投資環境」而將台塑與長榮兩件案子草率相提並論，難免有混淆是非之嫌，因爲這兩大企業喊「出走」的原因與過程實在有相當大的差異！

台塑頂著來自人民的壓力

台塑企業的「海滄計畫」源自企業內在的因素，其原賴以發跡的高污染和廉價勞力的基本要件，在台灣已成「時不我予」的現實限制。即使利澤和觀音兩地的考量亦以產業成本爲主；去年重回利澤之議，在戰略上的意義亦遠大於戰術上的價值。外來環保抗爭，對台塑而言已成爲「出走」最好的藉口，更是謀取產業留在台灣最好的籌碼。這年來六輕的「發展」，除了利澤之外，幾乎可用「水到渠成」來形容政府對台塑的「奉承」——要造地就填海，要工業港就修法，要麥寮就設離島工業區，政府只擔心台塑去擁抱「敵人」而已。相對地，人民對於環保的訴求都快成衆矢之的，產業結構的提升連經濟學者都懶得提了！所以從表徵來看，台塑的「出走」來自環保抗爭，那是被人民「逼」的。

長榮遭受朝廷的阻力

長榮案發生在「利益輸送」的華隆案之後，立法院和交通部成了主要戰場，其中官商錯綜複雜的關係幾乎只有「宮廷內秘」才可以形容，長榮集團成了一場惡鬥的祭品，因爲華航可以依航空「子法」「莊敬自強」了十七年，長榮圖依相同「子法」申請執照，卻遭受國會議員欲以血濺之，議長順勢指控，行政最高首長以「聽說」加以侮辱，終導致長榮「撤資」傳聞不斷，所以長榮的「出走」，源自外在因素，那是被「朝廷」所逼的。長榮的「撤」資風聞確有「避秦」的背景存在！因此社會上對這兩大企業「欲圖出走」的反應也是相當的不同，台塑所獲的支持來自產業命運共同體的呼聲，長榮則比較受到學界和輿論界的聲援支持。此外這又和企業回饋社會的方式有所關聯，並非單純的同情因素所使然。

回饋的內容反映企業的本質

產業對社會回饋的理念足以反映這個企業的本質。根據台塑企業廣為散發的「感謝與回饋」小冊，其內容所敍述的項目，不外乎設立長庚醫院、明志工專、訓練中心和廟宇水溝；但實質上這些每項都是台塑為本身業務的需要，所做的產業的延伸，一般社會大衆實在無法領會其「回饋」的本意。長榮的回饋有那些，實在並不很清楚，但是「國策中心」的設立，卻受到社會相當的肯定。它成了民間「養士」之所，更是體制外的「智庫」，它受「朝廷」的抨擊，正好呈現了它的正當性與必要性。其功能可能尚未發揮，但是它為這個社會樹立了正確的回饋模式——對社會付出而不是回收，相信這也是長榮案受到社會不同反應與支持的原因。同時，這個社會對長榮尚存著某些期待——「留下來！」也很明顯地夾雜在不同的反應中。

善待土地與人民才是企業的根

不可否認地，台灣有相當多的企業成長在政經畸型體制下，已呈優養化的「腐植土」上，「利益輸送」就是互利共生的共犯寫照。這樣的企業只會榨取社會資源，吸吮民脂民膏，養肥了不少社會巨嬰而已，實非社會之福。台灣需要的是以關懷人民和土地作為企業良心的資本家，這才是企業的根；這或許有違現實的企業倫理，但畢竟是台灣經濟之所寄——產業升級的原動力呀！如今「國策中心」會不會裁撤，社會要看的是長榮要不要背棄這塊土地與人民。長榮謀士如雲，諒必足以使張榮發先生的職志：「把根留在這塊土地上」堅持下去！人民和土地畢竟是一個企業該不該「出走」的主要價值判斷吧！長榮如斯，台塑亦不例外！一個專扯後腿的政權不應是企業「出走」的理由。

七月，長榮展翅，期待綠色故鄉的尊嚴和人民的驕傲隨之向世界展現，並帶動世界對這塊土地和人民的認同與投資，屆時這個社會將不再有企業「出走」的疑慮和驚慌。人民和土地是社會認同的基質，環保理念如此，企業亦將因而健康茁壯！

自立早報　一九九一・七・一〇

國民黨利用「台獨條款」操縱股市

◆陳永昌

〔編按〕：台灣股價指數，從一九八六年的一千點（一九六六年爲基年，一百點；一九六七年跌爲九四點），飆漲到一九九〇年一月的一萬二千點，又跌到同年十月的三千多點。狂漲狂跌，使有些人獲取暴利，但多數人賠錢。中央研究院的「社會意向調查」發現，將近九成的受訪者，答說賠錢。國民黨因擁有龐大事業，進出股市常引發股價漲跌。根據統計，國民黨的中央投資公司每次出售股票之後，就跟隨股價下跌。一九八八年，它買台苯與東聯兩支股票，就賺了二十五億（見卓越雜誌），財訊雜誌的統計，近幾年國民黨在股市大約賺了將近一百億。

最近民進黨通過「台獨條款」後，國民黨大力加以恐嚇、譴責甚至抓人。電視台也極力配合，一再說近幾天股市的下跌是因民進黨通過「台獨條款」所造成，而一些所謂證券投資人協會、工商界大老也跟著如此說。財政部長王建煊也公開如此說，並謂台獨條款的嚴重性遠超出當年退出聯合國，與美國斷絕外交關係所造成的衝擊。但事實如此嗎？或純是公然欺騙？

「統一論」是否使股市從一萬二千點跌至三千點

股市的下跌是因國民黨的提倡「統一」，還是因民進黨的提倡「獨立」？或是其它因素？

若依據王建煊以表面現象分析股市的邏輯，我們也可以做如下的推論。在國民黨不斷高倡統一，股市卻從去年的一萬二千點跌至三千點左右，而「國統會」、「陸委會」、「海基會」等的存在更使股市欲振無力，所以說國民黨的「統一條款」使股市大跌九千點。然而民進黨的「台獨條款」縱然使股市下跌，頂多也是四千五百點，只是國黨所跌的一半，所以「台獨條款」比起「統一條款」應該是對台灣股市、台灣經濟較有利，何況一、二年前股市交易有時高達千億台幣，它的下跌影響台灣甚鉅，所以「統一條款」實在不利！

此結論與王建煊的期望剛好相反，不知王建煊如何解釋？台灣的股市遲早也會再爬起來，屆時國民黨要不要說「台獨條款」獲得支持？

股市操縱者不是「獨統」，而是國民黨

事實上台灣股市根本上與「台獨」或「統一」沒什麼關係。台灣股市基本上就是一個由國民黨操縱的騙局。國民黨利用國家政策、公營企業、黨營企業來操縱股市。國民黨的統治

者及寄生的一些所謂「大企業家」是這個大騙局的共同莊家。他們以國家政策的名義，操縱股市，藉著內線消息比一般投資大衆更早行動，大發利市，使得投資大衆的錢被騙入這些莊家的口袋裏。

此次民進黨通過「台獨條款」，國民黨的莊家們早就設計好騙局，賺飽了一般投資人的錢，又栽贓給民進黨，一舉兩得。所以一些證券投資人應去找國民黨算帳才對！

「中華民國」被美國斷交時一大群人在美國在台協會徹夜排隊簽證，有的甚至僱人排隊，準備逃離台灣。現在民進黨通過「台獨條款」後，我們並沒有看到此種逃難現象。王建煊所謂嚴重性，根本就胡亂判斷。

王建煊對股市及台灣情勢的分析，說穿了，不是學識水準不夠，就是在擾亂股市，製造社會混亂，配合國民黨迎合中共打擊台灣本土的獨立思想！

開放電視台使資訊自由化、經濟自由化

此次電視台在國民黨的壟斷下，大力對民進黨栽贓，也不容有第二種看法來分析股市，使投資人缺乏足夠的資訊而被國民黨的莊家騙了。

明明美國國務院並沒承認台灣是中國的一部份，也沒說美國不支持台灣獨立，但是我們的電視台卻公然說謊，欺騙人民，此在在顯示國民黨欺騙的本質。

四十餘年前，由於國民黨的腐敗，終使它在中國被其人民推翻。國民黨逃到台灣後，不

改其封建獨裁的本質，以槍桿子實施獨裁統治。爲了合理化它的統治基礎，縱使被其中國人民推翻了，也被聯合國拒絕承認其代表中國，但國民黨在台灣仍自我吹噓代表中國自欺欺人，也不斷提倡統一，打擊台獨，宣揚中國文化壓抑台灣文化。

國民黨以前以「紙張不夠」爲由拒絕開放報社，現在則以「頻道不夠」爲由拒絕開放電視台。在電視台被國民黨壟斷之下，投資大衆無法得正確資訊，無法做出正確的決策，也無法達到公平競爭。電視台的立即開放才能使資訊自由化、經濟自由化！

自立晚報　一九九一・十・二十二

黑道與國民黨

陳永昌

〔編按〕：政治與黑道掛鈎，並不是「新聞」。要與黑道勾結，必須有資源可利益輸送。國民黨常把反對黨的抗爭，形容成暴力，藉以影射黑社會。事實上，只有國民黨才有政治特權可與黑道交換利益，加上在公營與黨營事業上的勢力，換取黑道對選票的幫助，綽綽有餘。長期以來，國民黨用地方客運公司、天然氣瓦斯配銷、地方公共工程籠絡的地方政治勢力，黑道比例極高。一九九一年年底國代選舉時，彰化二林黑道公然肆虐，就是顯例。

黑道流氓在台灣好像很可怕，但又常聽到，似乎不足爲奇。黑道份子從恐嚇行業人士到恐嚇反對運動人士！威脅取消遊行活動，否則將燒車、開槍等。反對運動人士除了要面對國民黨軍警、法官，也要面對黑道份子的威脅，到底黑道與國民黨有什麼關係呢？

黑道與國民黨淵遠流長

黑道人物與國民黨的關係可說淵遠流長。國民黨所尊稱的「蔣公」即與中國大陸所謂青紅黑白的幫主關係密切。他的後代在台灣早期即是衆所週知的幫派份子，也本應是「檢肅流氓條例」的適用對象，只是達官貴人的流氓就變成公子哥兒而不是流氓了！

江南命案是一樁台灣流氓奉命到美國殺人而被美國揭發的國際政治謀殺案件。江南並不是一個流氓，此案發生時，國民黨一再否認涉入，直到美國揭開證據後，國民黨才不得不找個情報局局長來代罪，然後再掃黑一下，企圖矇騙台灣人民，以隱藏其黑道的本質。

此案的眞正主使者應不止情報局局長而已，而是更高階層才對，但一個政權的情治首長指使黑道份子去幹政治謀殺案件已是夠下流了！

最近一位販賣安非他命的人被警察安排爲線民，然後來卻被警察出賣，導致此人要找警察尋仇。此人在電視上怒目、咬牙切齒，顯現其無比的痛心、憤怒。此案也暴露「治安單位」與黑道的關係。

所以長久以來國民黨與黑道的關係是相當密切。

明的用軍警，暗的用黑道

黑道可說是國民黨的非正式組織。國民黨對付反對運動人士，明的以軍警武力爲後盾，暗的則黑道暴力爲工具，如此既可達到整肅政治異己的目的，又可避人耳目。

黑道既屬國民黨的非正式組織，國民黨當然知道黑道的內幕，黑道也在其監控之內，所以我們不會聽到國民黨要員受黑道恐嚇傷害的事，相反地我們會聽到反對運動人士反黑道恐嚇傷害的事。

大財團的家人被綁架，國民黨可以迅速破案，但是陳文成案、林義雄家人案雖然國民黨聲稱只剩萬分之一即可破案，但歷經十年卻仍未破。其它撞車、摔出火車等事件也是無解。

大部份的黑道人物基本上其本質、意識型態與國民黨是一致的，兩者與民主制度矛盾。黑道講求的「義」、「恩」，其實就是「利」，只要有「利」，一切民主社會的觀念全拋開了。開放電視台、電台將動搖國民黨的欺騙基礎，違反國民黨的利益，國民黨因此拒絕開放。

國民黨恐嚇、殺害政治異己用黑道份子，事後黑道份子有的被殺人滅口，有的上電視接受主持人的問候讚揚，此不同待遇大概與其愚忠、「智忠」、掌握證據多寡等有關。

人人要自衛

流氓雖可惡，但也不應隨便將人當流氓。「檢肅流氓條例」對流氓的定義不明確，全由軍警單位認定淪爲整肅的工具。對於恐嚇、敲詐、勒索等行爲本就有相關刑法可引用，又何須用此條例呢？此條例基本上是濫侵人權。

國民黨的地方代表很多是各地黑道角頭，這次的國代選舉各地賄影賄聲。黑道的威脅「反賄選、反暴力」遊行，已自我承認黑道在國民黨賄選中扮演中間人的角色。

自衛是人類求生存的自然反應，面對著他人的攻擊，我們都有自衛的權利。黑道是國民黨的非正式組織，反對運動人士若受到黑道的恐嚇傷害，除了採取自衛，另外就是將矛頭對準黑道的老大——國民黨，不是嗎？

民衆日報　一九九二・一・二十八

誰在恐嚇投資者?

◆陳永昌

一月三十日郝柏村公開說要打壓股市，結果新春開盤，整個股市開低走低，重挫一五四・二六點，以五二三七・三七點收盤，交易量縮爲三八二億，且連跌多日。股市新春開盤長黑滿足了國民黨其寄生者等少數人，但卻害了多數人。

國民黨栽贓詐財有前科

記得去年十月十三日民進黨通過台獨黨綱後，郝柏村、王建煊等人就說台獨會危害台灣，股市的下跌是台獨黨綱造成的，電視台在國民黨的獨占下，全力配合打壓台獨，而某些所謂投資人也發起簽名運動，電視台則一再配合報導。然而我們當時即分析二年多前股市從指數一萬二千點，交易量千億降至三、四千點及二、三百億，而那期間並無民進黨的台獨黨綱，卻有國民黨的國統會、統一條款，依據國民黨的邏輯，國民黨應說統一條款造成股市大跌、家庭失和、經濟混亂、社會不安。

事實上台灣股市的變化以人爲的操縱居多。大戶操縱部份股市，國民黨則假藉國家政策名義全盤大規模操縱股市，圖利黨營企業及寄生的所謂企業家等，害慘廣大的一般投資者。去年十月的股市也是國民黨的幕後策劃，國民黨不但大撈一筆，備好國大選舉的買票錢，又將股市下跌栽贓給民進黨。

國民黨栽贓的前科很多，如派流氓到美國暗殺江南，案發時，還一再否認不是國民黨幹的。殺林義雄的老母及女兒則栽贓給某位大鬍子的人。殺陳文成博士後，則推說係因陳文成自殺。

騙人的自由化、民主化

在民主國家執政者對於民主的運作須維持中立的角色，身爲裁判就不應偏向任何一方。在獨裁國家獨裁者則挾著強大的武力，壓榨多數人，養飽少數人。獨裁者也是「無法無天」，不論學術界或政治界，連本身訂的法規本身都不遵守。獨裁者更要求人民須順從它的惡法，並謂之「講求法治」，然而法治須建立在正義之上，惡法本應打倒，豈可順從，否則人類就永遠不會進步！

國民黨的本質就是一個獨裁黑道政權，只要它看不順眼就說要抓、要壓，就像流氓一樣，看他一眼要挨揍，不看他也要挨揍。賄選買票不用怕，反正法官是自己人。國民黨自認只要有槍、有武力，還怕什麼民主人士、正義！

國民黨口說要經濟自由化，但實際卻是干預股市、恐嚇投資者、圖利少數人，就如其用台獨會引起中共犯台來恐嚇人民，使其易於統治。

國民黨口說要民主化，但卻拒絕開放無線電視台、電台，壟斷電視台，藉著其廣大的宣傳力，對人民恐嚇、詐財、擾亂經濟、製造社會不安。

認清國民黨的本質

國民黨選舉花錢買票，但只要恐嚇股市即可將買票錢撈回，又可大賺一筆。股市在這次的新春重挫中，國民黨及其寄生者在股市封關前已先賺飽錢跑了，快快樂樂地過了一個長年假。在國民黨嚇退廣大投資者後，便是等著撈便宜貨。國民黨就是這樣無所不用其極剝削多數人，圖利少數人。

不管股市是否再回漲，台灣社會各界人士，不論上班族或家庭主婦都應認清國民黨的本質，只要國民黨不倒，不知那一天我們又要被恐嚇詐財了！

民衆日報　一九九二・二・十六

皇后不辦怎麼辦？

——談軍售回扣案

◆陳師孟

〔編按〕：伊朗軍售冒領案，案發當時調查局就展開調查。不久即查到蔣姓人士，再也查不下去了，結果一擺就是十年。現在已證實那蔣姓人士是蔣彥中，他是總統府秘書長蔣彥士的兄弟。

十年前的某一天，三名持著仿冒護照的伊朗人，由彰化銀行提領了一千二百萬美元鉅款，再分別匯入四、五名國內政要或妻子的戶頭中，這其中還有一名姓蔣。這件事就如同當年許許多多涉及「國家利益」的秘密一樣，被層層封鎖於台灣人民的資訊圈以外。直到解嚴後的今日，由於伊朗柯梅尼政府不甘做冤大頭，在台灣提出官司訴訟，才把眞相掀起一角。原來這筆錢是台灣出售軍火給伊朗巴勒維政府的暗盤回扣，不巧當時伊朗也正經歷類似「國共內鬥」的政權交迭亂局，以致交易未履行，回扣卻匆匆被簽收，伊朗本身的鷸蚌相爭，肥了台灣的軍火皮條客。

對伊朗現政府的告訴，受理法官趕緊公開表示，他只關心彰銀在兌領過程中有無業務疏失，至於鉅款流向，不僅不干他事，而且若原告申請傳訊受款人，他還要先問清楚目的何在。這種鋸箭式的審理，表面上十分「專業」，但不啻公然包庇大奸大惡，對主持正義的司法皇后，再添上一樁「通姦」醜聞。

不過仔細想來，姑息養奸的還不只是皇后而已，身爲國庫掌櫃的財政部長，居然也採不聞不問的態度，就令人益發失望了。我們姑且不去檢討一個自稱愛好和平的政府，怎麼暗中幹起國際軍火買賣的勾當，也不去檢討這一大筆佣金該不該落入幾個政要的私囊，我們只想追究這幾個政要領到天文數字的油水後，有沒有在所得稅申報書中的「執行業務報酬」或「其他所得」項下，誠實報稅？這追究逃漏稅的責任，乃是國人藉「稅捐稽徵法」明文課之於財政部者，根據該法第三十一及三十四條，財政部對涉有犯罪嫌疑之逃漏稅案件，不但可以搜查證物，而且案件確定後，並得公告姓名。因此財政部長若聞訊不加追查，就不只是不合情理，而且是公然「不法」了。

王部長素有「小鋼砲」的美譽，在擔任部長前，還爲了堅持「軍教所得公平課稅」一事，不惜演出辭官再升官的一幕。然而在部長任內，除了查緝民間企業逃漏稅似有成效外，其他乏善可陳。偶爾放出幾砲，若不是爲了掩護執政黨，就是炮口瞄準民進黨，而與大家期待的「伸張正義、打擊特權」，彈著點相去甚遠。譬如軍教所得課稅一案，顧慮傷及國民黨鐵票票源，至今猶在樓梯響的階段。又如國民黨強欲設立華信銀行，雖因臨時更換資格不符的總經理人選，遭到重大扣分，財政部卻硬是採用超高錄取率，予以核准過關。最荒謬者，王部長竟在公布核准名單稍前，把評審委員們費心算出的評分表全部投入碎紙機中滅跡，還振振有辭地宣稱，這樣做可以避免榜首銀行對外宣傳。明明有意「隱惡」，偏要說是不欲「揚善」，而存款大衆的資訊權益具有公共財性質的政府案例，就成了黨利的代罪羔羊。再如去年十月民進黨提出「台獨自決黨綱」時，王部長大膽斷言，這件事對台灣經濟的打擊，遠勝當年國民黨政權丟失聯合國席位與見棄於美國盟邦兩件事。然而事後證明，台灣經濟只有在官府發飆抓人的那幾天，顯得慌亂失措，台灣人民害怕的其實不是被誣指爲猛虎的台獨主張，而是打虎的惡霸周處。

最近王部長又不避瓜田李下，戴上國民黨新設金融黨部主委的大帽子。面對輿論質疑，王部長一方面如預期的祭出「並無不法」的法寶，另一方面則傲然表示，對黨政分際的拿捏有萬分自信。我們雖然不能理解王部長的「一人兩治」在黨利與民利衝突時，將如何運作，我們也十分掛慮王部長諸多行政不中立的「前科」，但我們還願意再做一次期待，期待王部長至少向這幾位政要討回應稅金與其他罰款。拜託，別忘了那位姓蔣的。

自立晚報　一九九二・二・二十六

第五輯

人民、政府與經濟

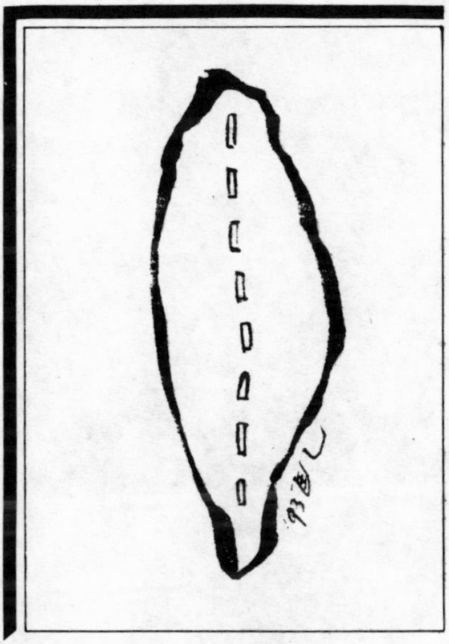

民無恆產則無恆心

——張建邦下台的聯想

◆李鴻禧

〔編按〕：一九九二年十一月十六日，台北市主計處長羅耀先指出，造成北市貧富差距日大的元凶，「是土地飆漲、房價太高。而近年房地產價格偏高，使初次購屋者年齡延後，無殼蝸牛大增，引起社會普遍不滿」。其實，台灣省與前次國富調查，也都有類似結論。炒作土地房地產的財團，則多有假農民身份，因爲現有法令規定非自耕農不得買入農地，因此財團乃用假自耕農身份，買入農地，再以特權變更土地用途，以獲暴利。

前幾天，飽受各界壓力的交通部長張建邦，因其家屬涉及股票買賣之利益運輸，以及華隆公司之諸多糾葛，終於負起政治責任掛冠求去了。現在牽扯到華隆和國壽公司，以及申請設立中的蘭陽銀行的法律責任問題；張氏與華隆翁家各說各話，大衆傳播也管窺蠡測、聚議盈庭；加上檢察官之堅忍自持、自有見地，使這案件益發類似日本沒幾年前官商大勾結之「雷克盧多案」，呈現錯綜複雜、詭譎萬般的「羅生門現象」。

本來，在資本主義社會政權裡，黨政官僚幹部夥同軍事將領，和財經企業家來個「產軍結合體」(Military Industral Complex)式的官商勾結、利益輸送；正如米爾思(C.W.Mills)教授在其曠世鉅著：「統治階層論」(The Power Elite) 中所論，原是家常便飯、司空見慣的事。國民黨政權雖然曾經因罹此疾而丟了大陸，踉蹌東渡海外孤島；但是近年來，在國富民盈、帑藏既豐之環境中，舊疾復發應不足爲奇；祇是病症發作如此快速，又如此嚴重惡化；實在令人殷憂不已、感慨萬千。近十年來，投機證券、炒作地皮，官商勾結、攫取暴利；不僅令農工勞動者升斗小民，咬牙切齒、不勝忿怨；抑且也讓宵衣旰食、殫盡竭慮於經營工商業的中小企業界，痛心疾首、難於忍受。單看這一華隆案件所牽扯出來的「不正利益」，動輒以億萬計；這種現象看在民衆眼裡，將會淤積出排山倒海的憤怒巨浪；水能載舟、亦能覆舟；政府執政黨應知所警惕，多溫習大陸淪陷前那段「兵敗如山倒、山河毀俄然」的慘痛歷史。

縱使不談深奧難懂的政治法律問題；一般庶民也大都是「無恆產者無恆心的」。爲政若不能追隨人民之勤勉生產，將國家總所得合理分配給全體人民；使其能「安居」而樂業；反而使國家財富祇集中少數官僚、黨幹、將領、巨賈、政客手中，而讓大多數人民在胼手胝足、櫛風沐雨後，仍不能有家盧宅舍安居，政權是不容易受民衆支持而鞏固安泰的。就以台北市來說，最起碼的三十坪公寓，常在一千二百萬元之譜；一個人從二十五歲就業到六十五歲「強迫退休」工作四十年；平均每年必須儲蓄三十萬元，每個月約須儲下三萬元；終其一生才能有一所房子。姑不論，四十年歲月房子是否能耐久如此，光是在昂貴的台北生活費用下，有多少人能每個月儲下三萬元？「無殼蝸牛」睡滿高樓大廈櫛比相鄰的忠孝東路屋簷或路上，那將會是社會動盪的徵兆，也是政權將失去支持的訊息。

一般民衆也會盤算；以現價估算八層公寓每坪造價不過四、五萬元；三十坪房子建築造價頂多在一二〇萬元至一五〇萬元之間，一棟八層樓房子每層平均使用之土地僅有四坪左右，竟要爲此四坪「土地」付出一千萬元左右。而一輩子縮衣節食才有可能儲存的一千萬元，到底落到誰手中了，地主？政府？建築商？炒地皮投機者？與炒地皮商人勾結的官員？或到那裡去了？爲什麼？公道嗎？

四十年前，爲土地及國家財富壟斷集中少數權貴，使政府國民黨喪失大陸河山，現在又任令官商勾結以特權炒地皮、作股票、開銀行，民衆不會一直忍耐坐視吧！政府執政黨是該有所回應了。

自立早報　一九九一·四·二十八

以工業區促進經濟轉型

◆張人傑

工業用地問題似乎是企業投資的夢魘，台塑宣稱德州地價比台灣便宜六百倍，現在還爲地價成本而舉棋不定，萬客隆在五股工業區長期營業，終於爲土地使用區管制而關閉。敏感的決策人士已經面臨了工業區政策的嚴苛考驗。

工業區問題在「促進產業升級條例」和「國家建設六年計劃」公布實施的今天，本應有規可循迎刃而解，可是，企業界不但沒有打鐵趁熱大力投資，反而是反應冷淡，一頭熱的政府部門就像是落寞的主廚，準備了豐盛的滿漢全席，卻沒客人上門捧場，使得工業區規劃目標和投資效益可能大打折扣。

投資者不願進駐工業區，以及工業區使用效率不佳，這是長期存在的脫節狀況，有相當複雜的政經因素，不單是供應面的擴大或局部性獎勵所可解決，必須進一步從整體性的經濟結構和國土規劃的設計著手，才可能有良性發展。

台灣現有工業用地編定達四萬六千公頃，佔國土面積約一·三%，在國建計劃完成後則將增爲一・四%，與先進國家比較已屬不低，如再扣除三分之二海拔五百公尺以上的山地，則台灣土地的「工業化」更形明顯，而據經濟部統計，建廠用地的使用率卻只有五十二%，顯示工業用地使用密度過疏，同時六十九年以前即有約三萬家零星工廠坐落全省農業區，其後變更及非法使用者更形龐大，這些現象說明了工業區管理和用地管制的效率不彰和流於浮濫。

事實上，台灣的土地已經難以承受工業擴張，投資者願意忍受投資閒置、缺少聚集效益和環境保護的壓力，不願租購工業區，基本原因是對土地增值利益的期望，治本之道唯有透過土地增值稅、土地變更使用捐，以及法人擁有不動產限額，投資不動產比重限制，以紓解工業用地炒作，並降低業者取得生產用地的競爭和成本。

目前工業區的規劃亦過於消極，對業者的誘因及輔導略嫌不足，對主動遷廠者固應獎勵，有公共安全、污染防治和自然景觀上之顧慮者，應設法強制其遷往專業工業區，以減少外部成本和生產效率之損失。

工業區規劃不宜由市場機制來決定，應針對經濟結構轉型需要和國土規劃的指導；以日本爲例，近十年來的工業用地編定，不但少於住宅用地，更只有休憩用地的二分之一至四分之一，而新設工業用地更設定符合地方長期發展的智慧型、服務專業化目標，以促進內需的、高科技的經濟轉型，和地方活性化、多極發展的目標。

各界對發展高附加價值、低污染、低能源消耗、高科技，以及流通型、服務型的產業，已經早有共識，而經建會、工業局的規劃中亦有見及此，可惜有關工業區的專業化目標、技術支援、交通通訊連結乃至汚水處理、廢棄物處理等設施的規劃，以至營造、綠化、生活服務甚至用地變更等服務，仍然不夠具體化、系統化，有待主管機關與業者共同擘劃、努力。

不論是經濟的或區域的規劃，除孵卵器的功能外，更是國內外經濟的調節者，須扮演部門間、各區域間「轉轆器」的角色，而工業區的開發經營則是最基本、最必要的手段。

民衆日報　一九九一・七・二十八

落實研究發展，加速台灣的產業升級

◆馬振基

一、前言

台灣的產業發展在過去的四十餘年，歷經「加速經濟發展的時期」（一九五〇年代），「促進國外技術合作的階段」（一九六〇年代），「十大建設推動的時代」（一九七〇年代），「策略性工業推展期」（一九八〇年代），並於九十年代進入所謂的「高科技發展與產業升級」的新時代。

過去四十年由於在台灣的產業界人士努力奮鬥，創造了舉世聞名的「台灣經濟奇蹟」。然而隨著整個國際情勢的異動，政治環境的變遷，社會結構的轉型，經濟體系的改變，環保意識的高漲……，促使世界各國的產業發展有極大的變化，未來幾年台灣在「產業升級」的脚步中能否邁出穩健的步伐，值得深思。

過去的「傳統產業」可以仰賴「廉價的勞工」製造大量的低價位產品賺取「勞力密集」

的辛苦錢，但是台灣近幾年來面臨「勞工短缺」、「產業外移」的問題，再加上東南亞各國及中國大陸相繼投入傳統產業的競爭行列，迫使台灣必須改變產業型態以「技術密集」及「資本密集」方式朝「產業升級」的方向前進。「產業升級」與「科技發展」又有極密切的關係，沒有深厚的科技基礎，不易推展產業的升級。尤其各先進國家皆將其高科技產品視爲產業發展的利器；國際間對「技術合作」與「技術轉移」日趨審愼，因此必須落實科技發展，才能使產業升級。

台灣的一些傳統產業已面臨生死存亡的關頭，不是任何口號所能挽回，除非產業界、政府有關單位、學術與研究機構能瞭解眞相，通力合作，立即採取行動，否則台灣產業未來的發展令人擔憂。筆者旅居國外十餘年，七年前回國任教，並經常走訪大、中、小企業「馬不停蹄」在全島南北奔馳，希望能盡棉薄力量回饋自己的故鄉；近年亦應邀協助經濟部、國科會、工業局等單位推動產業科技的研究與發展，力陳諍言，期望「科技研發」不單是策略而更是行動，眞正對我國的產業升級能有正面、積極的作用，謹將這幾年來所見所聞的一些感想與建議提供國人參考，並就教於諸先進。

二、「科技產業」與「產業升級」

李總統已於一九九〇年十二月二十九日頒佈「產業升級條例」，經濟部亦於一九九〇年推動若干措施，行政院在去年底之「全國科技會議」中做了一些決議，但事不容緩；有一些當做之事，宜即刻進行：

1.科技教育必須確實徹底改革

過去我們的教育以教科書爲主。尤其「理工科技教育」對實驗、實務的課程執行的不夠徹底。「國科會的研究獎助」，「教育部的教師升等」均以「論文」「著作」做爲考核的標準，而對於有「眞才實學」的科技工作者很少實際的鼓勵，導致台灣的「高級人力」成爲「論文的機器」，被產業界譏之爲「百無一用是書生」，「理工學生」只會「動口」不會「動手」。

解決之道在於積極鼓勵科技教育與研究人員除了「教學」「研究」之外應加強「產業服務」。日本、德國的科技發展奠基於「產、學、研間極爲密切的合作」。近年來美國亦相當致力於這方面的發展，唯獨台灣仍停留在「口號」的階段，「教育部」、「國科會」、「經濟部」應以更積極的態度共同解決這方面的缺失。

2.科技研究必須與產業發展相結合

政府各部門及民間企業去年（一九九〇年）投入的研究發展經費高達四百億台幣，但我們的產業升級所需的技術，大都仍須仰賴「技術合作」或「技術引進」。在惡性循環下，少有產業界願意投入「科技研究」。再者，由於在「偏失的科技教育」下，所訓練出來的研究人員常與產業界脫節，以致研究機構所研究的項目並非業界所需要，而業界所需要的卻不易找到，因此造成兩者嚴重的脫節，至於人力、財力與時間的浪費難以估計。

解決「科技研究與產業脫節」之缺失，必須重建產業界對「科技研究者的信心」，同時也要鼓勵研究人員（特別是政府支助的研究機構與學術單位）瞭解產業界眞正的需求，雙方面必須時常互訪交流；讓產業界能充份利用學術、研究機構充沛的人力與精密儀器設備解決學理上的問題，提供資訊，培育基礎人才；學術研究機構之人員可將其研究成果藉著業界的生產設備進行「試產」或進而「量產」，以達到「學以致用」的目標。教育部已訂有「鼓勵大專教師暑期至工業界輔導」的辦法，但成效不彰，其理由是雙方的意願均不高，但最重要的原因可能是彼此都無法適應，畢竟彼此的瞭解太少，要一同工作，解決問題，非短期間能達成，因此平時即要進行「產業界／學術界／研究機構」的密切聯繫，才不至於彼此見面，所談的如同「雞同鴨講」只有增加困擾而已。

3. 科技研究必須以團隊力量來完成

根據國科會編印之「科學技術統計要覽」（一九九〇年版）記載在一九八八年，台灣研發總人力爲六萬三千人（日本有四十四萬人，美國八十一萬人，西德十四萬人），其中在大專院校占一五％，研究機構爲二六・六％，企業界五八・三％，可惜的是這些研發人員或機構之間普遍缺乏連繫合作，不易達到相輔相成的作用，造成人力與資源的浪費。

解決上述問題，必須健全研究發展體系，掃除各自爲政的習性。與產業相關之研究發展計劃由「產、學、研」共同擬定，分工執行，互相查核其研究成果，基礎理論研究與應用技術發展必須結合在一起，才能使研發工作落實到產業的應用上，而且新產品的開發與產業的升級建立在紮實的基礎上。

4. 加強國營事業研究發展帶動產業升級

目前經濟部所屬的國營事業包括中油、台電、中鋼、台機、台糖、台鹽、中化、台肥、中工、中船十家，每年之研究經費高達數十億，然而其成效相當有限；主要原因在於大部份的研發經費用於改善製程，解決現場的問題，至於新製程、新產品或新技術等中、長程的計劃則不多，以至於面臨「民營化」的轉型期，有許多的困難，尤其過去研發的基礎不夠深厚，欲帶動產業的升級頗不容易。

要加強國營事業的研究發展則必須首先建立「中心利潤制度」與「責任制度」，徹底要求各國營事業的研發單位，確實訂定以公司利潤爲導向之研究工作，積極從事關鍵性技術、產品、製程相關之項目以帶動產業升級。

5. 獎勵民間企業研究發展加速產業升級

由經濟部一九八八年的統計資料顯示，台灣的企業中有從事研究發展者爲五千二百家占企業單位七萬五千家中的六・九%，其中設有專責研發單位的有二千九百家，有研究工作卻無專責單位的有二千三百家。若以行業別，則電子電器業投入的研發家數與人數最多，其次爲金屬製品、機械設備業、塑膠製品業及紡織業。

所投入的經費共計一百六十億元台幣（一九八八年），占有從事研發廠商營業收入的一・四八%，或佔營運中工廠營業收入的〇・六五%，仍以電子電器業的一百二十億元占首位，其次爲運輸工具業，化學材料業、紡織業、塑膠製品及化學品分占第三、四、五名。

研究發展人力，包括研究人員、技術人員及支援人員總共約六萬人，占有研發工廠的員工數五・五一%，或占營運工廠員工數的一・六六%，就行業之排名而言與上述兩項相當一致，仍以電子電器業最多。

目前政府宜積極協助民間企業解決研發相關的法規，如下列各項：

生產事業研究發展輔導辦法。

生產事業研究發展費用之列支辦法。

生產事業研究發展基金設置管理運用辦法。

生產事業研究發展適用投資抵減辦法。

鼓勵民間事業開發新產品辦法。

協助傳統工業升級辦法。

民間企業與學術

及研究機構合作研究辦法。

過去政府訂定的許多辦法立意雖良善，但手續煩雜，申請耗時；大企業對它缺乏興趣，中、小企業則因人力不足、無暇自保，對於那些辦法很少人會去關心。而在政府執行單位方面，則因辦事人員有限，政令要推行到各企業有實際的困難，眞是「非不爲，而是力有未逮」，因此，如何突破這些瓶頸與「產、政之間的隔閡」是另一件急需解決的問題，政府有關單位不應該再以「人力不足，經費不夠」爲藉口，搪塞了事。

與研究發展相關之租稅獎勵與融資，亦爲一般民間企業極爲關心的事情，其中包括：

研究發展經費在當年課稅所得內減除。

進口專供研究發展實驗或品質檢驗用之儀器設備，應免徵進口稅。

供研究發展用儀器設備加速折舊。

取得專利之創作發明，提供生產事業之權利金或所得免徵所得稅。

引進新技術及進口研究設備外匯貸款。

發展策略性、關鍵性及重要工業之長期低利貸款。

目前民間企業有心從事研究發展者，最苦惱的，莫過於「借貸無門」，限於金融體系只有「錦上添花」的一貫作風，使得一些心有餘力者，限於財力，只能眼睜睜看著一些好機會稍縱即逝，令人萬分痛心，而政府卻放著「七百億美金的外匯存底」的閒錢不知好好利用，有關單位應該是好好反省、即刻行動的時候。

6.保護研究發展衍生之智慧財產權以促進產業升級：

台灣在國際上曾被冠上「科技海盜國」的惡名；許多科技先進國的產品、技術在台灣被仿冒、盜用，引起各國極大的反感；而在國內有關「商標、專利、著作權的官司」層出不窮，至於彼此挖角，或離職員工將原公司的技術據爲己有，自立門戶等造成智慧財產權的侵犯，已成爲研究發展的致命傷；至今政府仍缺乏有效措施，促使全民認識、尊重智慧財產權，進而鼓勵產業界從事研究發明，提升技術。

解決「智慧財產權保護」的問題，在積極方面應加強宣導，使產業界明白「何謂智慧財產權」，獎勵業界申請專利、商標、著作權，並訂定明確辦法獎勵發明；在各級學校開設相關課程，使國人自小即有智慧財產權方面的概念。在消極方面對侵犯智慧財產的個人或公司在法律上予以重罰，以收到警惕的效果，確實保障「智慧財產權擁有者」的權益，使產業界更願意投入研究發展，以提升技術並開發新產品。

三、結論

「產業」是一個國家經濟發展最重要的體系，而研究發展更是產業升級的關鍵，唯有提升技術能力，產業才能「永續經營」。過去台灣經濟的發展承接日本、美國許多的技術與市場，但也因此造成嚴重的「中日貿易逆差」與來自美國的「中、美貿易問題」。未來可能還會有許多難題相繼而來；如何未雨綢繆則是「產、政、學、研」必須共同研議的共同課題。

過去公民營企業研究機構與學術單位已投入了龐大的人力、財力從事研究發展，往後爲了因應各方面的需求，所要投入的將更多。由過去的問題可以發掘許多的弊端與缺失，降低了研究發展的成果，致使「產業升級」的脚步緩慢，當日本、韓國、新加坡、美、加及歐洲各國均積極投入研發工作、落實其成果之時，我們卻受限於各種「殘缺的制度」、「官僚的心態」、「敷衍的精神」與「海盜的作風」；以「騙來騙去」的方式從「中國式的研究開發」。

未來，如果台灣眞的要談「產業升級」，則唯有「落實研究發展」，「徹底整頓研究發展的環境」，「加強國營事業研究機構之管理與評估」、「獎勵民間企業研究發展」，「建立技術引進之制度與服務體系」。

「經濟發展」是台灣未來存亡的命脈；「產業升級」是最重要的一條道路；而「研究發展」則是最根本之所在；在國際上已經沒有時間容許我們猶疑，在整個潮流的推展中不容許我們站在岸邊喊口號，因爲：要「加速產業升級」唯有眞正的「落實研究發展」。

自立晚報四十週年社慶特刊

財產權概念之演變

◆許慶雄

近代人權思想在發展初期，認爲財產是神聖不可侵犯的人權。例如，美國獨立之初即認爲「生命、自由、財產」是不可讓與的人權，一七八九年法國人權宣言亦認爲「自由、財產所有、抵抗壓政」是不可剝奪的自然權。十八世紀前後，財產權被定位成人權保障的中核，是有其正當性的基礎。因爲當時「財產形成」與「勞動力」是密切結合在一起，財產都是每個人爲求生存以本身的勞動力來取得，這種經由自己血汗累積而擁有的財產，當然被認爲是不可剝奪的人權。

但是，這種絕不可侵的財產權概念，隨著產業革命、工業化、資本主義體系的出現，卻逐漸喪失其原有的正當性基礎。因爲在資本主義體系的運作下，財產形成與勞動力已不再是不可分，有時甚至是分離而相互對立。很明顯的，巨大資本所形成的財產(利潤)，非但不是來自資本家本身勞動之結果，反而是以壓榨勞動力而形成。故，在絕對保障財產權的自由放任資本主義自由經濟體制運作下，不只是勞動者的勞動力成爲巨大獨佔資本的壓榨對象，即使中小企業、農漁業等自營業者，最後也都會淪爲被壓榨的對象，完全無力抗拒。如此，人權體系對財產權及經濟自由權的保障，非但不能使大多數人享有實在的幸福保障，反而威脅到他們的死活。

因此，爲避免人權保障淪爲虛僞不實在，甚至演變成保障強者有壓榨弱者的「自由」，形成弱肉強食的社會，所以必須在人權體系中列入「社會權」保障。憲法保障生存權、環境權、學習權、工作權、勞工基本權等社會權之後，不僅使國家有義務提供特定弱者的基本生存條件，更可使國家可依人權相互調整的原理，積極介入國民的經濟活動，對財產的運作予以適當的法規制。

換另外一個角度來分析，在保障社會權的現代人權體系中，財產權與財產私有制雖然仍受保障，但是其概念已有變化，絕不同於過去與生命、自由同列的傳統人權體系。例如，財產依其本質應區分爲「勞動力」、「人權型財產」、「資本型財產」。所謂勞動力是指，任何人都擁有智力、工作能力、體力等與人格同時存在的財產，這是每個人最具尊嚴的財產，故應以工作權、勞工基本權等予以特殊保障，不容任意被剝削與侵犯。其次，人權型財產是指，與勞動力有密切關聯而形成的財產，或是個人所居住的房屋、生產工具等生存所必須的財產，這些財產基於人權保障原理，原則上也應完整保障。最後，如果財產屬於因支配他人勞動力所得來，與人權無關，甚至還可能威脅到他人的生存及壓榨勞動力的資本型財產，則依人權調整原理，可加以規制。例如，工廠、土地等資本型財產，若破壞環境、侵害勞工權益，都可予以規制，使人權保障能落實。

由此可知，財產權在現代人權體系中，已不再是神聖不可侵，在與社會權相互調整的過程中，得加以規制。唯有如此才能使每個人能同享生命、自由、追求幸福的具體人權。

自立早報　一九九二・四・二十二

台灣經濟的困境與重生

◆張清溪

【編按】：一九九一年底，國民黨在第二屆國民大會代表選舉時，完全沒有「政見」，只用「革新、安定、繁榮」六字眞言，就取得超過70%的席位。選前爲了某些彌補，就規畫舉辦一個「全國經濟會議」。一九九二年初，這個大拜拜性質的會議舉辦了，會中各方人士皆有發言，如王作榮的批評時政，郝柏村的致辭等。會後歸檔了事。

依據統計數字，台灣經濟在過去四十年來表現出相當不錯的發展。國內外混音合唱的讚美歌裡，不時浮現著「亞洲四小龍」、「新興工業化國家」、「經濟奇蹟」等振奮人心的詩句。不只如此，配合著高成長率，我們還有低失業率、高儲蓄率、全球重要的貿易國、高居前茅的外匯存底，以及相當低的所得分配不均度。揭開這些統計數字，大家確也看到台灣人民正享受著空前的高物質生活。但是，經濟發展的目的只是在提高物質享受嗎？爲什麼近日的全國經濟會議上，考選部長王作榮提出的十大矛盾現象（例如勞動所得降低、不勞而獲升高）

卻普獲回響？到底台灣經濟有那些問題？將來的發展又會碰到什麼瓶頸？有什麼解決辦法？是不是如行政院長郝柏村所宣稱的跨越三大經濟門檻（總體經濟規模居世界第二十位，個人平均所得居世界第二十五位，貿易總額居世界第十四位）就可解決的呢？

政府功能失調是主因

台灣經濟最主要的困境，就在政府功能的失調；而荒唐的是，執政者卻認爲那是人民的責任。我們用郝柏村在全國經濟會議的談話爲例。他在會議中，爲了增稅而宣揚所謂「使用者付費」的觀念時，說「個人小康，社會不能大貧」。換言之，我們今日的社會就是「個人小康，社會大貧」。的確，一般人住家都整理得不錯，但一走出門就馬上面臨環境衛生的垃圾問題、寸步難行的交通問題、令人窒息的空氣品質、污水濺射的人行磚道等等。這種社會大貧是誰的責任呢？

在一個民主國家，人民組成政府，原就寄望政府來處理衆人需要但個人又不願提供的事物。這類事物一般稱爲公共建設，例如馬路、人行道、衛生下水道、垃圾處理以及國防治安等。一般的道路很難設卡收費，因此不能期望私人投資興建，只有政府憑著人民賦予的公權力強制課稅，方能生產提供。我們的社會就是這類公共建設很差，因此才會造成「社會大貧」。可是郝柏村承認社會大貧之後，也不檢討過去政府課那麼多稅用到那裡去了，只會要求加稅來完成他的「六年國建」大夢。政府過去把錢用到那裡呢？除了審計部都視爲黑盒子的國防預算用去一大半外，就是用來支付老國代、老立委、老監委的薪水與「退職金」，以及賠償江南遺孀的人道慰問金等等。另外就是把錢拿去做生意了。

公營事業與公共建設的混淆

不少人或許以爲政府部門的投資就是公共建設，像郝柏村這類的政府官員大概就分不清公營事業與公共建設之差別，否則當不至於將「六年國建」龐大經費的三分之一用在公營事業的增資上。「公共建設」就是前述那些大衆需要又沒人願做的公共財之投資興辦，而「公營事業」則是一般的營利事業，絕大部分是私人很想投資的行業，但卻由政府專營獨辦，如煙酒、石油、製糖、電視、廣播電台、銀行等等。這些事業在某些特殊條件（如一般人日常必需的用品且容易形成一家獨占之事業）下，是可以由政府來公營，如自來水、電力等。但就是這類事業，只要政府有效地監督，在國外也都開放民營。何況目前台灣的公營事業多數不具備前述條件，如台糖爲了生存演變到挿手觀光旅遊、養豬養牛等不務正業的所謂多角化經營，跟公營的條件早已風馬牛不相及。電視廣播電台由政府獨占壟斷，更是造成資訊誤導的元凶禍首。公營事業缺乏效率是世界通病，我們沒有理由讓政府浪費納稅人的錢去做這些缺乏公營意義的事業。

台灣從光復以來，政府所做的固定資本投資，絕大部分不在公共建設，而是在公營事業上；這是非共產國家中最突出的，甚至遠超過那些社會主義濃厚的福利國家。政府積極從事公共建設，可說始於十大建設——但其中除了高速公路、桃園機場幾項外，絕大部分（如中鋼、中船、石化業、核電等）卻仍然是公營事業！我們可以總結一句話：過去四十年來，政府任令交通惡化、公園綠地貧乏，卻獨好營利事業，是典型的不務正業的政府！不錯，台灣就是如此這般的走到今日「個人小康、社會大貧」的境地。

萬惡之首的黨營事業

如果說我們的政府不務正業，那執政黨的黨營事業就是獨攬專斷、包山包海的黑道幫主了。事實上，國民黨藉殺、關、驅逐出境與白色恐怖等手段，壓制政治異議人士，以達到長期一黨專政局面，已經形成一個大家見怪不怪的黨國不分體制。電視新聞漫不經心的弔喪：某某死去的將領，功在『黨國』；現行「陸海空軍刑法」第十六條仍是「背叛『黨國』聚衆暴動者，依左列各款處斷：……」，『國』歌的第一句居然是「吾『黨』所宗。」；『國』旗與『黨』旗分不清楚；……不過，實質上對台灣社會經濟政治危害最大的卻是國民黨的黨營事業。黨營與同樣控制在國民黨手中的公營事業，包攬了金融、票券、電子媒體等經濟政策上一向鄙視的「服務業」，再加上勾結地方政客的天然氣配銷業等等。在族繁不及備載的衆多黨營事業中，以國民黨中央財委會轄下的中央投資公司為最大宗，它也是「世界政黨百科全書」中唯一指名道姓的黨營事業！

政黨經營龐大營利事業，首先就模糊了「政」黨——以政見獲取民衆支持，利用執政實現政治理想——的本質，讓外人分不清國民黨到底是它自稱的「革命政黨」或是家財億萬貫的財團！也讓國民黨黨中央不論是選舉手段或解決黨內糾紛，甚至招收大專黨員、聯絡失聯黨員，獎勵績優黨員，都以金錢利益掛帥！執政黨自己經營獨占的營利事業，我們又怎能期望它有好的「公平交易」規範？執政黨成爲股市大戶，帶頭炒股票，又怎能責怪社會大衆喜好金錢遊戲？黨中央慣以金錢解決政治問題，則立法院、監察院的大小金牛乃至於地方政治派系之爭錢奪利，也只不過上行下效罷了。其實國民黨這些讓它成爲世界上最富有政黨的黨產，根本就來路不明，相信必是奪自國民財富的不義之財。

國民黨下台以求台灣再生

政府官員論及台灣經濟問題時，總是三句不離「民間投資意願不足」。怎麼會不足呢？開放民營銀行，不就一下子投資一千五百億嗎？如果開放電視台設立、第四台的經營、中小學設校……等等，民間更多人等著要投資呀！政府禁止人民投資，官員反過來又數落人民不投資。這是那一國的政府啊？

在一個民主國家，人民要求政府從事公共建設，只會要求過多不會太少；我們的「六年國建」，卻任由各部門閉門造車，再由經建會極不負責任地攏總拼湊後，就由上而下地要求人民接受；怪不得要經常舉辦「爲六年國建而跑」之類的今古奇觀！世界上有這樣子的「民主」政府嗎？

台灣的民間經濟力量是足夠強韌，也是過去經濟發展的主要貢獻者；蓋因島國小型經濟的台灣，必賴國際貿易來發展，而享受官方低利融資的公黨營事業與少數大企業卻壟斷國內市場，中小企業在求助於民間高利貸的情況下，仍能扮演出口事業的主導者，爲台灣創造大筆的外匯存底，這正是台灣民間經濟力的展現。倘若政府能提早開放金融市場與其他壟斷事業，公平善待這些中小企業，相信台灣今日的經濟決不致遠遠比不上日本，甚至連香港、新加坡都不如的境況。

在黨國主控的經濟體制下，解決台灣的經濟問題，已經不再是經濟政策可竟其功的！召開什麼全國經濟會議，如果不能認清公黨營事業扼殺了台灣經濟多少生機，說要解決台灣經濟問題，恐怕免不了有隔靴搔癢之譏。王部長與郝柏村都說台灣產業升級慢。不錯，但是郝柏村所謂的三大門檻(其實根本是同一回事)，只不過在原有體制下再虛胖一點而已。我們要知道，產業升級就是經濟轉型，轉型就要改變利益結構；因此，快速的升級必會淘汰一些既得利益者。試想，國民黨若是不想放棄那麼多公黨營的既得利益，又如何期望它搬石頭砸自己脚地制訂快速產業升級的公共政策呢？

我敢斷言，缺乏足夠強大的政治壓力，國民黨絕不可能放棄它吸吮數十年像安非他命的經濟利益？國民黨只需下台一任，就可輕易抖掉它那一身臃腫痴肥的黨營事業，恢復輕快活潑的「政」黨本色。屆時，台灣經濟還怕不快速轉型，加速升級嗎？

民衆日報 一九九二·三·二十八

均富的眞相

◆楊澤泉

以台灣而言，國民所得分配最高二十％之家庭爲最低二十％的平均所得倍數在一九八〇年代爲四・一七倍，在一九九〇年爲四・九五倍，趨勢是在惡化中。

「均富」一直是國民黨政權在台灣炫耀其施政的王牌，頂著四十年來平均經濟成長率七、五％，與國民所得最高二十％之家庭爲最低二十％的平均經濟所得倍數小於五倍，而展示其經濟發展的成果。然而，目睹台灣社會現狀，均富的眞相如何？趨勢是否在惡化？惡化的癥結又在那裡？

經濟成長的眞相

經濟發展的眞諦在於生活素質的提昇，而非只是經濟成長率的表面數字。台灣過去四十年的經濟發展，在具備勤儉特性的台灣人民努力下，的確創造了相當的成果，然而，如同哈佛大學教授波特（M. Porter 1990）指出台灣企業長期的ＯＥＭ的生產方式，已使台灣的產業競爭優勢不再。因此，台灣的經濟成長在一九八〇年代以後受制於產業升級與經濟轉型不成的困境，也即傳統工業高級化與發展高科技的政策皆未能落實。再加上不當貨幣與財政政策、產業與外匯政策，使得金錢遊戲盛行，雖曾造成股票狂飆與房地產暴漲而出現服務業與營造業短期性巨幅的成長假相，終究不免曇花一現，整體經濟因而出現國內外雜誌所謂「奇蹟不再」、「海市蜃樓」、「再見，台灣第一」的譏評。而競爭對手（如韓國）也把台灣的假想敵角色降格，最新的情況台灣更且淪爲四小龍之末。

經濟成長伴隨著環境惡化己是衆所目睹的台灣實景。衆多污染性產業雖有助於經濟成長但對生活素質的提昇則未必。此外，台灣衆多的負產品與無益的產品，如發展快速的保全體系、鐵窗、鎖、保全人員與設備。國防、警察、冗員充斥的政府體系等等。這些項目的生產皆使國民所得增加，但無助於生活素質的提高。如果我們以所謂的「經濟福利指標」來衡量台灣的經濟成長的「價」與「値」，其結果也許會像文化界人士懷疑經濟成長的所謂「富」的眞實性，因爲過去四十年整體台灣文化並無進步。若印證國外輿論以「賭博王國」、「貪婪之島」的惡名相指，似乎也不無道理。

所得分配的眞相

台灣地區早期的經濟發展，在土地改革的實施，勞力密集產業的發展，以及教育的普及等因素下，使得國民所得分配愈來愈平均，也即貧富差距逐漸縮小。然而一九八〇年代以後，尤其一九八六年代後，所得分配日趨惡化，舉凡地下投資公司盛行、股票狂飆與指數巨幅起伏波動、房地產價格暴漲又巨幅下挫、外匯的操作與期貨市場的對賭等等，在政府不當的經濟政策下，台灣地區的所得分配在極短的時間出現顯著的變化。財團法人二十一世紀基金會的調查結果，顯示七四%的受訪者認爲貧富差距問題嚴重，且認爲貧富差距擴大者也高達五〇%。

所得分配的眞實性，除了平均所得的倍數比，也應再輔以「資源分配」、「物價結構」、「公共財的質量」等項目，才能充分顯示所得分配的眞相。以台灣而言，國民所得分配最高二十%之家庭爲最低二十%的平均所得倍數在一九八〇年爲四、一七倍，一九九〇年爲四、九五倍，趨勢是在惡化中。而「資源分配」的倍數在一九八九年更已達六、八七倍。若以「物價結構」來衡量，則島國 的基本民生必需品與奢侈品的相對價格結構，與其消長狀況，對於不同所得水準的衝擊效果亦又不同。也即所得分配（不應只是收入面，必須同時考慮支出面，但「公共財的質量」對於所得分配）的效果亦有其影響，公共財的共享與無排他性，對於低所得者產生相當的效益，但其支付係透過強迫性的稅負，而高所得者正是「主要」的納稅者。因此，公共財的所得分配效果不容忽視。然而，質量皆嚴重不足的台灣公共財現狀，更顯示台灣地區所得分配的眞相遠比單就所得倍數的衡量指標要嚴重許多。

政府於均富的角色

二十一世紀基金會所做的調查顯示，高達八五、三%的受調查者認爲政府需要加強採取措施來縮小貧富差距，而且調查結果並不因性別、年齡、教育程度、職業與收入而有明顯差距，顯見社會各階層對政府期待的殷切。

在邁向高科技社會的世界潮流，以及強化產業競爭力，企業的規模也勢必擴大的趨勢下，如果政府不採取改弦更張的措施，台灣地區貧富差距勢必惡化是可以預期的。

因此，政府如何透過適當的租稅與福利政策以改善貧富差距是絕對有其必要的。以租稅結構而言，至今所得稅的比率仍不及四分之一，且大部屬薪資所得稅。而占稅收絕大比例的間接稅則屬累進稅的性質。以福利政策而言，八一年度中央政府社會福利支出占總預算比率不及十%，相對於先進國家的福利制度，連最基本的健康保險與失業保險制度都付之闕如，更甭談及其他弱勢團體應有的支助。

「均富」是任何國家經濟發展的目標。貧無立錐之地與富可敵國的對比的眞相或許可以解釋台灣治安惡化與投機風氣盛行的現象。台灣均富的眞相也正顯示政府尚未有效扮演其應有的角色。

自立晚報 一九九一・七・十一

肯定全國民間經濟會議的豐碩成果

◆林忠正

〔編按〕：「全國民間經濟會議」是由民進黨的中央黨部和立法院黨團籌備，由黃煌雄任召集人，朱雲鵬、彭百顯、吳忠吉、林忠正分別擔任「公平」「開放」「現代化」與「台灣新紀元」四個主題召集人，於一九九一年二月二十二至二十四日三天，在台大法學院舉行。提出論文報告的，包括中央研究院的林忠正、施俊吉、劉錦添、楊重信、朱雲鵬、瞿海源，中央大學的陳忠榮，中華經濟研究院的陳添枝、張榮豐，中興大學的王連常福、張四五、王塗發，中國文化大學的林健次，台灣大學的林國慶、朱敬一、張清溪、陳師孟、夏鑄九、黃榮村、林萬億、吳聰敏、林向愷、陳博志、吳忠吉、朱雲漢，政治大學的曾巨威、林全、蔡英文、黃立，以及立委彭百顯，堪稱一場盛會。論文與會議記錄，分四個主題發表在《全國民間經濟會議實錄》四冊中，由民主進步黨中央黨部出版（一九九一年九月二十八日）。

全國民間經濟會議經過三天熱烈的討論，議題的內容涵蓋了台灣當前經濟發展再出發的關鍵問題，五十多位來自台灣財經界的中生代菁英分別擔任這次民間經濟會議的報告人及評論人，不僅分別就當前財經的問題提出角度寬廣，內容紮實的分析報告及評論，也引起衆多與會的學者專家、民間業者及社會團體的熱烈發言。相對於政府的與會代表，形成了一幅強烈對比的圖像，絕大多數政府機關受到執政黨的暗中杯葛，只能派出層級不高的官員，除了照本宣讀現行的政令之外，多數內容僅能以陳腔濫調來加以形容。

全國民間經濟會議總共舉行二十七場的討論會，都因發言踴躍以及時間的限制，而意猶未盡，熱烈的氣氛絕不是過去任何一場由官方或執政黨舉辦的財經會議所能比擬。更重要的意義是，本次會議向台灣民衆宣示了，台灣戰後新生的財經專家早已拋脫了執政黨的黨國意識，也不會拘於狹隘的黨派立場，而在於提供政策資訊和專家的建議。任何政黨贏得人民的支持，就會贏得專家的支持；財經事務與人才再也不是執政黨一黨所能獨占，在野黨也不必因爲缺乏財經黨員，而對爭取執政的機會感到沒有信心。

過去台灣四十年來的經濟發展如果沒有台灣人民的勤奮工作，就沒有今天的成果。但是，這只是符合了「時、地、人」中的人和因素，如果沒有國際政經局勢的配合，我們要創造今天所具有的成就一定需要更多的苦心和努力。如果沒有美蘇兩個壁壘分明的集團，從事長達數十年經貿也不相往來的冷戰，台灣就很難逃離中共的魔手，也無法取得低廉勞動力的比較利益，利用日本勞力密集的生產技術，將產品進軍美國，而造成快速的成長率。戰後的國際政經局面提供了台灣經濟起飛的「天時、地利、人和」之前兩條件，在這樣的條件之下，只要是個不要太差的政府，大概都會有今天台灣的經濟成就。執政黨利用日本人遺留下來的公共建設及工農業生產設備的基礎，在過去四十年來的經濟發展不斷發展公、黨營事業，而且利用政治的獨占力量創造國內各種管制而來的獨寡占利益，並依政治目的加以分配。這樣的政經結構形成產業主力的中小企業在國內市場有發展之機會，在美麗的成長率之下，人民生活的品質因爲公建設不足以及自然環境和生態嚴重的破壞，而與經濟成長率呈現相反的走向。

但是八十年代以來國際政治經濟局勢起了結構性的變動，美蘇二大集團冷戰的結束，使過去敵對的政經往來日漸密切。另一方面，世界政經勢力的重整，也由美蘇控制的國際組織轉向區域性的國際組織。國際經濟之間的比較利益也隨著國際政治而起了重大的變化。台灣在這種變局中，更因出口所依賴的美國之經濟實力衰退，而面臨了重大的政經衝擊，國內又因勞力供給成長減緩以及金錢遊戲的興起，而產生種種社經問題，多年獨占政治權力而僵化的執政黨面對這種變局，不僅拙於應付，也只能倉促採用頭痛醫頭，脚痛醫脚的策略，無法提出全套的政經策略，解決台灣財經的關鍵問題。結果是投資意願低落。產業不斷外移，往外移民不斷增加，使台灣逐漸走向沒落之途。

此次參與民進黨所舉辦全國民間經濟會議的專家學者，並不侷限於狹義財經的觀點，而能從國際政經發展的觀點提出國內各種財經問題的政策建議。這些政策不僅可供民進黨擬定政策訴求的參考，也值得執政黨放寬心胸廣加採納。這是一次成功的經濟會議，開放的態度不僅值得執政黨加以效法，也強化政黨競爭的良性發展。我們也誠懇希望經由此次經濟會議的成果，台灣會邁向一個「公平」而「開放」的社會，成爲「現代化」的國家，在國際之間開拓「台灣新紀元」。

民衆日報 一九九一・二・二十五

我們的外籍勞工政策在哪裡？

◆張清溪

〔編按〕：一九八七年開春以後，來自東南亞各國的外籍勞工與女傭，成爲台灣社會的熱門話題，且持久不衰。由於缺乏法令規範，政府對外勞的態度，是反對又不積極取締。一方面又試圖用各種方法，可讓某些特定廠商或工地，「專案」引進。在一九九二年四月十七日通過規範外勞的「就業服務法」之一年前，行政院即對染整與營造業「專業進口」，其視法律爲點綴，玩法自如的統治本質，表露無遺。

繼開放十四項建設與民間染整、營造業專案引進外籍勞工之後，行政院院會於七月十一日又通過開放六大行業的十五種職類(包括前面兩種民間產業)可以申請專案引進外籍勞工。據報載，行政院長郝柏村說引進外籍勞工，不是要取代國內勞工的就業機會，而完全是爲了滿足國內對某些工程勞工不足的需求；並表示政府絕不允許雇主爲了想省錢，雇用外籍勞工以降低成本。換言之，如果國內供應充足的話，還是以使用國內勞工爲原則。郝院長同時又表示，未來國建六年計劃工程一定會繼續引進外籍勞工，此種趨勢將無法避免；另外，他又指示陸委會與勞委會研究開放大陸勞工。

行政院院會的決議與行政院長的談話，讓我們不知道政府到底有什麼外籍勞工政策？我們首先質疑開放外籍勞工的標準何在？今年四月下旬，行政院就曾表示要讓染整與營造業專案引進外勞。當時，經濟部政務次長江丙坤宣稱，開放外勞並非以產業勞工短缺程度為依據，而是考慮四個條件，包括國內沒有人要做、勞動條件短期無法改善、近期內無法由機器取代工人，以及營運困難。江次長難道不曉得他的所謂四個條件，其實就是「產業勞力短缺程度」！江丙坤到底是無知還是欺騙人民？為了避免隨意懷疑官員說謊，我們只好假設他真的是無知了。

郝揆的話是何邏輯

這次換行政院長郝柏村說話了。他說開放六大行業十五職類外勞進來，完全是為了滿足國內工人不足的需求，政府絕對不允許雇主為了想省錢雇用外勞以降低成本云云。這又是什麼邏輯呢？國內工人不足，本來就是因為工資太高雇用不起；任何勞力短缺都是價錢問題，只要工資夠高，有什麼粗重工作請不到工人呢？因此，雇用外勞本來就是為了節省工資，降低成本嘛！這原本是個眾人皆知的簡單道理，難道連行政院長也無知嗎？同樣的，為了避免批評官員惡意欺騙，我們也只好說他是無知了。

我們實在難以「不知者無罪」來淡化這個問題。到底政府是憑什麼標準來決定要不要引進外籍勞工呢？或者更根本的問題：我們的外籍勞工政策在那裡？去年爲了開放十四項建設專案引進外勞，政府要求外籍勞工在今年三月一日前自首。據統計，有二萬多名外勞自首，許多業者爲了遵守政府的三申五令，把外勞遣送回國了。可是，三月七日郝院長卻又指示：自首的外勞如有助於我國經濟發展，將研究使其合法化。如此，守法的業者變成了白痴，不理會政府法令者卻安享利潤。朝令夕改，實已造成劣幣驅逐良幣的反淘汰效果！

引進政策專案進口

到底政府引進外籍勞工的政策在那裡呢！其實答案很簡單：專案進口而已。專案進口外勞的法律依據又在那裡？答案是：沒有法律依據，只是行政命令而已。勞委會數年來一直在草擬的一個「就業服務法」，是提供專案引進外勞的唯一法源，但該法迄今未通過立法。如果說立法太慢，就可以有權宜措施，那又何必立法？如果說專案進口本來就不必正式立法，那又何必在就業服務法內煞有介事的規範呢？政府漠視法律但卻口口聲聲依法辦事的矛盾實例，已多到讓人民麻痺的地步了。

專案進口有損效率

那麼，到底專案進口好不好呢？在所有引進外勞的辦法中，專案進口是最不好的辦法。

它不但有損效率，更有失公平。進口外籍勞工通常會對引進國產生利害並存的影響。引進低技術外籍勞工最確定的負面影響，就是會造成低所得工人所得更低、中上階層特別是雇主享受厚利，以致所得分配惡化的效果；如果外勞久留不歸，會另外造成社會的外部成本。外勞的利益則是提高本國國民總所得。但外勞是否能讓引進國獲得最大的國民福利，就要看他們能否投入對我國最大附加價值的工作上。如果我們讓市場自由運行，則引入同量的外勞，本國國民福利增加最大（亦即最有經濟效率）。若以專案進口外勞，誰也無能保證指定行業職種是外勞對本國貢獻最大的就業；萬一猜到了，則「今日是」也不能保證「明日仍是」。唯有在市場機能運行、各業互相競爭之下，資源才會流向最有效率的用途。是故，專案引進外勞必定有損經濟效率。

這種政策也不公平

另一方面，既然外勞唯一確定的負效果是所得分配惡化，任何引進辦法就必須設法平衡此一惡化效果。政府號稱向新加坡學習外勞政策，卻對他們最關鍵性的「向外勞課人頭稅（levy）」的作法，視若無睹。

多年來我一直主張標售外勞雇用權，再以標售所得提升本國低技術工技術，也是基於同樣平衡所得分配的精神。目前的專案引進，不但完全不考慮所得分配惡化如何彌補，而在專案引進的行政裁量之際，難免進一步演化成給予特權者再一個特權的更不公平惡果。專案引進既損效益又失公平，還有比這個更壞的政策嗎?

有的，如果引進大陸勞工的話，郝院長指示研究大陸勞工的利弊得失，如再配合勞委會主委趙守博的談話，似乎是在研究如何引進與引進時機。這是必須愼重考慮的。如果大陸勞工與東南亞工人的「其他條件」相同，則基於感情因素與語言上的方便，當然要以引進大陸外勞爲第一優先。但是引進大陸勞工有政治上與經濟上異於東南亞勞工之處。在政治上，有人擔心「只要有一千個大陸工人聚集鬧事，中共就可以名正言順地出兵『平亂』了」。難道我們要爲幾個經濟利潤而承擔這麼大的風險嗎?在經濟上，凡是外勞形成社會問題的國家，都肇因於外勞的久留不歸;而大陸工人是最有可能久留不歸的一群。這種利弊得失還不清楚嗎?還有再研究的必要嗎?

自立早報 一九九一・七・十五

爲什麼拍賣外勞雇用權才合乎效率與公平？

◆張清溪

立法院已一讀通過的「就業服務法」，第五十一條規定雇用外籍勞工應繳納『就業安定費』，而其數額及收費辦法，則由中央主管機關會同財政部定之。目前主管機關正在擬訂收費辦法與收費標準。由於引進外籍勞工必定限量，故就業安定費即在決定此一有限數量如何分配。對於限量的分配，經濟理論的標準答案，就是「公開拍賣」。本文擬分析爲何拍賣外勞「雇用權」，可以兼顧公共政策的兩個評鑑準則：效率與公平。

如何拍賣外勞雇用權

拍賣外勞雇用權，就是將已定的引進數量，以公開方式將進口權利賣給出價最高者。詳細言之，可分爲下列幾個層次：

1. 訂定某一定期間（如一年或半年）引進外籍勞工的最高限額。
2. 不分行業，任何人要雇用一個非本國籍勞工，就必須先擁有一個外勞「雇用權」。

3.定期將雇用權標售；凡本國國民均可標購任何數量。

4.以限額內出價最高的底價（如一年內允許引進三萬人，該項底價即是出價最高的三萬個雇用權標購之最低單位出價）為標售單位，將雇用權賣給那些出價高於此一標售價的標購者。

5.雇用權在有效期間內可以自由轉售；亦可以折價（如八折）退還政府，領回餘款。

6.配合措施：包括引進外勞者除須有雇用權外，尙須繳付保證金，以保證雇用期滿後外勞確實返國；以及對無雇用權而雇用外勞之雇主，課以至少兩倍於標售價之外勞在台期間的罰款（遣送費另計）。

爲何拍賣雇用權可兼顧效率與公平

如此拍賣外勞雇用權，有什麼好處呢？外籍勞工的引進與否，應視其對本國之利弊大小而定。但既已決定引進外勞，則如何課徵就業安定費就是一個資源分配的問題；分配方法最好能達到資源配置效率與公平。而拍賣外勞雇用權，正可兼顧公共決策的這兩個準則。

參與拍賣者的標購價，代表外勞帶給他額外的好處(附加價值)。以某一價格將雇用權售予出價最高的人，可讓同一數量的外勞，爲本國創造出最大的附加價值；這就是資源最有效率的配置方式。允許雇用權的自由轉讓，也就是保證在拍賣之後，若外勞對標購者的利益比他人來得低，此時可透過雇用權的轉售，讓外勞自動流向附加價值更高的雇主。如此，即使經濟情勢改變，雇用權的「自由轉讓」，可使資源的使用仍維持其配置效率。另一方面，參與標售者爲了獲得雇用權，必不敢出價太低；同時，「賠本的生意沒人做」，故他的出價也必然不高於外勞對他利潤的增額。換言之，拍賣外勞雇用權可讓引進外勞爲本國創造的利潤，經由就業安定費的收取而歸諸本國人民享受，而外勞可能引發的任何社會成本，亦可運用此一費用補償之。如此，外籍勞工的分配不必透過利益團體遊說或其他特權等不當管道的鑽營，而是以標購價（亦即外勞創造附加價值的高低）公平競爭，故具備了立足點的平等，也減少了鑽營的無謂成本。當然，要眞正達到公平，仍須將收取的就業安定費專款專用，補貼因引進外勞而減損工資與就業機會的本國低技術勞工；而且，最好是以增加職業訓練的方式補貼之。故僅以資源分配之公平性而言，拍賣雇用權亦可達到公平目的。

質疑與解惑

對「拍賣外勞雇用權」這個決定就業安定費的辦法，外界有不少疑慮，茲逐一解釋之。

1.「有其他國家用拍賣方式嗎」？就我們所知，沒有。但其他國家沒有做的，我們就不能做嗎？台灣獨樹一幟的公共事務可說不少，如和平內亂罪的刑法一百條、四十年不必改選的中央民代、包山包海的黨營事業等等。難道只有別人不敢做的「壞事」我們才敢做，而正確有效的好事反而不能率先實行嗎？

2.「人數如何決定」？拍賣辦法中無法決定要引進多少外籍勞工，但以擬議中的訂價法（即用某一標準逕行決定就業安定費的標準），在實行中仍然要個案審查，仍然要決定引進「數量」。唯一不同處只在拍賣辦法中要預先決定某一期間的全部引進限量。

3.「爲何不仿照新加坡用訂價法」？因爲用訂價法決定就業安定費，首先就面對如何訂價的困擾，其後每一個申請案件必須逐一審核其引進「數量」，量的決定與判斷標準均會一再困擾行政單位（當然，行政單位也可以一再地表現其行政裁量大權）。其間的成本與分配不公現象，很難避免，而資源配置效率勢必無法達成。如果訂價後，不限制外勞引進數量，則效率亦可達成；但此時若訂價太低，可能引進數十萬外勞，不是社會所能承擔的，因此沒有人敢採用訂價後不限量的引進。

4.「國內有無其他拍賣例子」？有。特定電話號碼與汽車牌照，目前均是以公開方式標售。其實，工程招標、股票買賣等也都是拍賣。

5.「如何照顧中小企業」？有人懷疑公開標售方式將使中小企業敵不過大企業。事實上，這種憂慮是多餘的，否則目前中小企業又如何雇得到其他國內勞工呢？出價的高低是以多一個外勞可增加多少利潤而定，而不是決定於原來總利潤之高低。

6.「如何可以減少對我國勞工就業的不利影響」？預訂外勞數量的上限，就不至於對本國勞工有太大的衝擊；而允許中途退費遣返外勞，在不景氣時雇主才不至於爲了回收標購費用而先解雇本國勞工。

當然，任何就業安定費用的收取，若欲達到原訂目標，就必須有效防止非法引進者。政府若缺乏此種決心，任何辦法都是自欺欺人的。拍賣外勞雇用權當然不是拍賣奴隸，因爲它不固著於任何特定人；否則其他引進辦法也等於奴隸制度。拍賣辦法一時間或難獲採用，這是先進觀念的共同命運；二十年前使用「人力資本」這個名詞是要得罪黨國大老的，他們說：人力豈可視成「資本」！

自由時報　一九九一・十二・一

第六輯

國際經濟關係

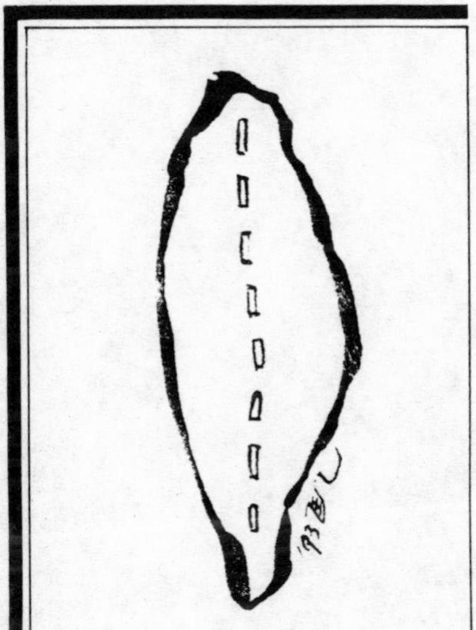

政府與企業的兩岸政策與作爲

◆楊澤泉

〔編按〕：台灣海峽兩岸之間的經濟關係，一直是民間拖著政府政策。由於政治的對立與軍事威脅仍在，台灣對中國的經濟政策，應小心謹愼。在當局「一個中國」的僵硬原則下，台灣商人缺乏國家地位保障，一旦發生問題，國際上的關懷都無能爲力。

在台灣對中國大陸的出口依存度幾達百分之十的預警上限時，海基會副秘書長石齊平擔心中共利用兩岸發展的演變以民逼官，藉企業界影響民代與輿論界而影響台灣的政治生態。值此政府極欲通過「兩岸人民關係條例」的同時，國民大會與立法院的結構亦不同以往，在輿論界對金權與政權的結合大加撻伐之際，究竟企業與政府的關係應如何定位，尤其攸關台灣的前途的兩岸關係，無疑的是最值得吾人關心者。

政府的兩岸政策

一九四五年中國將台灣納入版圖，台灣被統一於中國。一九九〇年在台灣的中華民國政府通過「國家統一綱領」，沒有時間表的主張要統一中國，眞可謂風水輪流轉，兩岸的關係在其間亦有幾個階段的變化，在一九四九年底中華民國的國民政府來到台灣，從此隔絕近四十年，才於一九八七年開放探親，其後觀光、間接貿易、投資等相對展開，直到前年行政院將「兩岸人民關係條例」送至立法院審議。

原本「兩岸人民關係條例」要在上一個會期審議完成，然而就在這之前所審議完成的「就業服務法」中，立法院將中國大陸勞工比照外國勞工，致行政院要求撤回，以避免兩個中國問題，而致立法院拖延審議兩岸人民關係條例。

基本上，兩岸的經貿政策仍然和台灣以往重大的政策類似，也即在企業界造成大量的事實後，政府不得不面對現實而採取局部開放的應急措施。政府對於兩岸經貿想加以規範又無從規範，想加以限制依賴卻又無從限制。因此從一九八四年以前的「三不政策」到間接貿易，然後直接貿易，然後中小企業大量直接投資後，政府仍視之爲非法，甚至恐嚇逼迫終止大企業如台塑海滄計畫的進行。最後不得不才於去年以正面列表的方式，開放三千三百五十三項產品可間接到大陸投資。事實上，眞實的兩岸貿易投資情況早已逾越法令規範，亟待政府政策從速調整。

其實，政府所採取的政經分離政策，使過去廿多年來台灣的外交瀕臨國際孤兒的窘境。如今，兩岸的政經分離政策雖被歸爲內政，卻亦使得政府面臨進退不得的窘境。這種政治分離的窘境主要的還是來自於主張一個中國的後遺症。台灣獨立的主張與加入聯合國的呼籲，主要的也是爲解決這樣的窘境。然而政府仍然持續採取混得過的途徑（Muddle Through Approach）不願積極面對問題。企業界爲求生存，在沒有美國管理大師哈佛大學教授波特(Michael E, Porter)所指的國家競爭優勢的情況下，只有如同以往開拓國際貿易市場的方式，如法炮製於逐漸開放的中國大陸，透過貿易與投資，開拓新市場與新根據地。

因此，如果說，兩岸的經貿政策是企業界以行動逼政府就範也不爲過。如今，政府所應面對的是如何透過產業升級等方式尋求台灣地區相對的競爭優勢，而不是一味的防堵管制對中國大陸的經貿。而企業界所應面對的是另一個嚴肅的兩岸關係，是連體嬰抑或雙胞胎兄弟的問題。

企業的大陸貿易與投資

台灣的企業對中國大陸的貿易與投資循序漸進，從間接到直接，從貿易到投資，從非法到合法，以及仍然存在的脫法現象，可以說進展迅速。

一九七九年台灣與中國大陸雙邊的間接貿易約僅七千八百萬美元，一九九〇年雙邊的貿易總值達四十億四千萬美元。佔台灣對外貿易總值的四％，中國大陸已成爲台灣第五大貿易伙伴，台灣則為中國大陸的第六大貿易伙伴。

若就台灣的企業界對大陸投資而言，一九八七年底投資金額累計僅約美金一億元，到一九九〇年底則累計達二十億四千三百萬美元。而且其累近速度是遞增的。累計到一九九〇年已有二千多家企業以間接方式到中國大陸進行投資。

有謂商人無祖國，這用以描述台灣與中國的關係，的確頗耐人尋味。兩岸的政府仍處於敵對狀態，且中國有四大堅持，台灣有三不政策，但企業界奔赴大陸仍如火如荼，有似完全忽視一般國際投資的政治風險。究其實，主要原因仍是台灣地區整體的競爭優勢逐漸下降使然。也即過去台灣主要以生產為導向，透過進口原料，配合台灣早期廉價的勞工、不嚴格的環保標準、以及長期低估的新台幣匯率，因而以OEM的生產方式即可進軍國際市場，尤其中小企業在五〇及六〇年代可謂是黃金期。

然而，邁進七〇年代，由於產業升級未克有成，相關支援產業如金融、保險、研究發展未能有效配合，匯率在經濟自由化與國際化下大幅升值，廉價勞工不再，環保品質要求提高，國內市場遭逢國稅大幅下降而競爭更形激烈，因而使得企業在國內與國外投資形成推拉的消長，而致企業開始大量外移。東南亞、南非、中國大陸為主要的去處，也即企業主要仍以生產導向為考慮。其中，中國大陸因同文同種再加上中國的對台經貿政策性的優惠，使得其對企業而言另具產品市場價值，因此對於台灣企業的吸引力更大，而有快速的成長。

企業與政府的互動對兩岸關係的未來

在政治民主化的時代要求下，企業與立法院相對於政府行政部門，其決策的影響力比重將更形增強。在可預見的未來，兩岸關係將呈現相當的變化。

有謂反攻大陸是政府在喊，企業在做。在目前隔層紗的帽子作爲下，以民間的「海基會」執行，而以政府的「陸委會」決策的雙層架構，在中國大陸設立「海協會」後，其互動關係的演變也正在持續中。

企業投資快步向前行，政府政策則在後面追趕，但是兩岸的基本問題仍然未解決，也即台灣與中國目前的連體嬰關係的主張，究竟何時才能「分割」而轉化爲眞正的「雙胞胎」。中小企業只是過時設備的剩餘價值的利用的短期性投資或可忽視可能的政治風險。但大型企業的長期性龐大投資則涉及更廣層面，在沒有國際慣例的投資保障協定存在加上兩岸「敵對團體」存在氣氛下，又如何能存在長期性的規劃？企業的國際投資原本是企業成長的自然過程，政府未能培養引領企業邁向國際化的金融銀行體系，早已有虧職守，更甭談將企業對外投資視爲「出走」。對於中國大陸，長期以來早已剪斷臍帶的地區卻仍將之視爲領土的一部份，兩岸貿易與投資即在這種實體區分不當下，而更顯得複雜。

因此，企業如何發揮其影響力於政府部門，使其形成的政策有助於國家競爭優勢的提高，更可遠及於企業的生存與發展，可謂相當迫切，而其中兩岸關係的釐清，無疑的將最具關鍵性。

民衆日報 一九九二・四・二十三

正視中共吸引台資的新措施

◆陳少廷

中共官方權威人士透露，中共國家主席兼對台工作負責人楊尙昆不久前明確地告訴對台工作人員，廿世紀結束前兩岸無統一之可能，當前對台工作重點在擴大兩岸經貿交流，引進台資。中共「國務院台灣事務辦公室」主任王兆國並特別會見出席此次「政協」與「人大」會議的台灣代表團指出，在兩岸交流方面，中共準備成立「海峽投資貿易資訊服務中心」，爲台商提供服務，同時爲了要吸引更多台資、大企業，爲台資企業創造良好條件，中共已明確宣示改革開放政策一百年不變。

爲執行此項政策，「海協會」會長汪道涵、常務副會長唐樹備於本月十九日前往廣州與台商代表座談。汪道涵說，「海協會」自成立以來即重視兩岸經濟合作，這種合作正在進一步發展，特別是鄧小平最近南巡後，大陸的對外開放進一步擴大，爲兩岸經濟合作展示了廣闊的前景。唐樹備則稱：「海峽兩岸發展經濟合作已成爲兩岸人民的共識；這是中共領導的一貫主張。我們注意到台灣當局的領導人最近也發表了同樣的看法，認爲台灣經濟發展離不開大陸做腹地，兩岸要和平共濟。」

必須指出的是，大陸媒體最近報導，十幾個省級政府紛紛推出吸收台資新措施，可概括為「三大動作」：

一、大範圍、高層次對台資開放。以海南為例，過去一度為台商劃分一個「投資區」，而今年元月海南省長劉劍鋒表示：「今年是海南大開放、大改革、大建設的一年，台胞在洋浦開發、發展外向型農業等方面都大有作為。」福建省長賈慶林則說，福建省要引導台商投資高技術、高效益、大規模的項目。大陸各省都希望在九十年代吸引更多台資，為台商提供投資機會，並在層次上加以提高，增強經濟效益。

二、制定各種切實可行的投資計畫。往昔大陸一些省市言及吸引台資時，大多只是強調優惠政策，但近來明顯不同的是，都有切實可行的具體計畫。四川省今擬推出一百家有吸引力的企業與台商合辦「嫁接式」企業。湖北省在高科技、能源、交通、礦產等行業均有具體項目。北京市推出的高科技合作項目，也令人注目。這顯示大陸各地吸引台資的舉措「更務實、更明確、更可行。」

三、大力完善基礎設施。大陸各省市負責人咸認為，完善基礎設施建設，是其吸引台資的重要措施。廣東省長朱森林說，未來幾年，廣東要興建一批電廠、改造準高速公路、建成高速公路網等，他相信粵台經貿合作會率先獲得大突破。江蘇省長陳煥友也說，江蘇將加快公路、港口、機場等重點基礎設施的建設，為台商創造「良好環境」。安徽省委書記盧榮景說：

「加快做好蕪湖港開放工作，及黃山國際空港的開航工作，對吸引台資很重要。」

中共宣稱：「這些大動作，對台商而言是一大福音，在大陸的投資機會將更多，更順利。大陸改革開放的深入進行造福於兩岸同胞。」

據一項統計資料指出，去年兩岸轉口貿易值接近六十億美元。較前年巨幅成長四成以上，我出超逾三十五億美元，使我對大陸的出口貿易依存度已超過百分之六。台商在大陸的投資額累計已接近三十億美元，今年投資可能達到十五億美元。如此高速的成長率舉世罕見。因此，我們不能只看到我對大陸的貿易依存度尚未達到「警戒線」（百分之十），而應注意到它的增長速度，蓋長此以往，不出三年，中共將有能力對我進行「經濟制裁」。

吾人尤應認識到，中共千方百計加快吸引台資，主要著眼點是政治利益。鄧小平曾就對台經貿工作指示說：「不要怕吃虧，終究不會吃虧，即使短期吃虧，長期也是受益的。對台經貿工作要站得高一些，看得遠一些；膽子要大一些，更放手一些，要以經濟促政治，以三通促統一。」所以中共願長期忍受大額的貿易赤字，是有其長遠的目的：一是讓台商受益，使台商成爲與中共利益掛鉤的集團，以便遂行「以商圍政」、「以民逼官」的策略；二是使台商對大陸市場的依賴日深；三是在時期成熟時，要求我官方進行政府間的談判。中共內部文件也強調，「要把密切兩岸經濟關係提高到戰略地位」，又說「發展兩岸經濟關係對促進祖國統一具有決定性的作用，是突破台灣當局三不政策的利器。」由此可知，中共主導兩岸經貿交流，其政治目的遠大於經濟目的。

因此，筆者要籲請我有關當局，正視中共加快吸引台資的新措施及其可能造成的後遺症，並研擬有效對策，以避免台商墮入中「以商圍政」、「以民逼官」的圈套。

民衆日報 一九九二・四・二十

開創我國參與國際社會的空間

——從加入亞太經濟合作會議談起

◆陳少廷

〔編按〕：沒有國家實權的地位，不可能爭取到國際關係的生存空間。台灣當局迴避國際上廣泛接受的「台灣」，一味地用「中華台北」名稱，已令台灣幾乎從國際關係中消失了！

第三屆亞太經濟合作(APEC)部長級會議定本月十二日在漢城揭幕，我國代表團將由經濟部長蕭萬長擔任團長，率領包括外交等各部門的廿二位代表參加。由於這是我國被「驅逐」聯合國以來，首次參加部長級的官方國際會議，也是前年亞銀北京年會之後，兩岸政府以部長級平等地位參加的會議，因而特別引起國際的矚目。

亞太經濟合作會議是目前亞太地區最重要的官方經濟合作組織，成立於一九八九年十一月，其會員國包括美、日、加、韓、澳、紐及六個東協國家共十二國。當第一次會議在澳洲坎培拉舉行時，各國代表即認爲，亞太地區各國爲因應日益互相依存的經濟關係，有必要組成一種可提供部長級集會的場所，以便廣泛討論本地區的重要經貿課題。而這種會議要達成其宗旨，則必須中國大陸、台灣與香港的參加。於是去年第二屆會議在新加坡舉行時，便決定邀請北京、台北、香港同時在今年加入。同時，爲了排除因我國與中共同時入會而可能產生的政治糾葛，而把該組織定位爲「各經濟體高層代表非正式諮商論壇」。

這次我國能獲邀加入APEC，當然是因爲我國雄厚的經貿實力爲各國所肯定（世界排名第十三位貿易國，外匯存底排名第二位），但在APEC會員國之中，除南韓之外，其他國家與我國都無邦交，高層官方的互訪都會受到中共的牽制，在加入APEC後，我國官員即可與各國官員平起平坐，獲得「對話」的機會，這對今後我國參與國際社會，尤其是爭取加入關貿總協定（GATT）將有很大的助益。

但必須指出的是，這次我國加入APEC，並不是沒有受到「委屈」的，雖然所謂「三個中國」（北京、台北、香港）都以「平等的地位」，成爲APEC「完全的參與者」，可是在名稱上，中共係以其正式國號「中華人民共和國」名義加入，香港直接以他名入會，而我國即以「中華台北」名義入會。這顯然是中共施壓的結果。

此外，據報導，中共極力反對我國由外交部長代表出席會議，這與各國的情形也是不同的。故這次我國由經濟部長擔任團長，而中共則由其外交部長錢其琛和外貿部長李嵐清共同領團參加。所以我國還是受到「不平等」待遇。

重返國際社會乃是朝野共同的願望，但我們要面對一個殘酷的現實，即我國不可能用我國的國號「中華民國」參與國際社會，這是因爲國際上包括聯合國都普遍承認「中華人民共合國」是中國唯一合法的政府。所以，倘我國依然堅持中華民國的主權及於中國大陸與外蒙古，則顯然因與事實不符，不會受到國際間的承認。

所以，我國要開創外交空間，則必須重新確定我國的主權範圍。雖然李登輝總統早已放棄「漢賊不兩立」政策，而改採務實的不反對「雙重承認」的策略，但依然不見功效，其主要理由是，所謂「一國兩府」或「多體制國家」的理論，在國際法上根本講不通。因之，如果我國繼續堅持「一個中國」的政策，則在現實的國際社會中不可能被承認爲主權獨立的國家。

遺憾的是，最近行政院長郝柏村在接見外國記者的訪問時強調，就算民進黨人士當選中華民國總統，並且經由公民投票程序宣告台灣獨立，台灣獨立仍然無效，因爲台灣二千萬人民並不能代表中華民國。然如果二千萬台灣人民不能代表中華民國，那麼誰才能代表中華民國？沒有台灣，現在還有中華民國嗎？如果台灣最高行政首長不認同台灣的斯土斯民，則台灣人民還有什麼選擇？

李總統說：「台灣早已是主權獨立的國家，其國號爲中華民國。」民進黨則主張建立主權獨立自主的「台灣共和國」。其實，這兩者除了國號之外，其內涵是一樣的，因爲兩者所指涉的，是同樣的人民、土地與政府。但這兩者與郝院長一貫所表示的虛幻的大中國主義，是截然不同的。如果總統、行政院長與在野黨對國家認同沒有共識，則我們又如何能期望有朝野共同一致的外交政策呢？

值得我們重視的是，從此次我國加入APEC，以及最近許多國家政要紛紛表示支持我國加入聯合國，顯示在國際人士看來，台灣與中國是兩個不同的國家。中國不能代表台灣；台灣當然不是中華人民共和國的一部分。「一個中國，一個台灣」，乃是國際間普遍承認的既成事實。了解到這個事實，我們應重新界定兩岸政府的關係，即中國與台灣，不是一個分裂國家的關係，而是主權互爲獨立的兩國之間的國際關係。我們唯有堅持台灣的主權獨立於中華人民共和國之外，始能成爲一個具備完整國際人權的主權國家。有了完整的國際人格，我國才能開創參與國際社會的外交空間。

民衆日報　一九九一・十一・八

美國對台政策轉趨堅定

◆陳少廷

將於明年元月出任美國防部主管國際安全事務助理部長的李潔明，日前在哈佛大學發表演說指出，美國將忠實遵守「台灣關係法」中和平解決台海兩岸問題的基本政策，他說：「中共若對台灣動武，在必要時美國總統可依據台灣關係法，不經國會通過，採取防禦性的軍事行動。」「一九八二年雷根總統宣布支持台海兩岸和平解決問題的原則，並非空泛之談，布希總統承繼雷根在此問題上的堅定立場，以確保台海兩岸的穩定。」他進一步說，任何提及用武的威脅，都是「痴人說夢」，他加了一句中文：「那是放空炮。」

針對李潔明的此項演說，我國總統府官員評論說，李潔明的論點未必能完全代表美國政府的立場，它只是個「沒有保證的承諾」，但他在此時機發表這樣的言論，可能對國內部份人士發生誤導，產生不切實際的想法。外交部長錢復則直說，那是李潔明的意見，並不代表美國政策。

對於李潔明這項有利我國安全的演說，我政府的反應出奇冷淡，確實很不尋常。筆者認爲，這是執政當局的一個「心結」在作崇，因爲面對這次選舉中獨派人士的訴求，執政黨一直以主張台獨會引來中共對台用武作恫嚇，然李潔明的演說，無異替台獨主張提供保證，即美國將不會坐視中共對台動武。因爲李潔明之言不利於執政黨的「反台獨」宣傳，政府只好作冷淡的反應了。

筆者認爲，我們不能以李潔明目前無官職而認定其言論不能代表美國政策，因爲李氏的背景極爲特殊，他是唯一曾駐台北與北京的大使，而與布希總統的關係特別密切，他倆不僅是耶魯大學的校友，而且同樣出身於中央情報局，長期以來參與對華政策的決定。以他這樣的身分，絕對不是如錢復所說，因爲在北京兩年的大使任內受到很大的挫折，才會做出這種言論。

如果我們把李潔明的演說及其他美國政要最近有關對台政策的言論，作綜合性的了解，則將可發現李氏的觀點顯示著美國對台政策的新動向。李潔明在今年五月卸下駐中國大使的職務後，很快就來到台北訪晤他從前在此地結交的許多我國政要。旋即返美參加賓州大學舉行的中國問題研討會，他稱中共政權是「擁有廿世紀核牙齒，卻停在十九世紀主權觀的衰敗的帝國」，並指責中共以「一國兩制」作爲中國統一的唯一模式是霸道作法。在同一場合，美國在台協會主席白樂崎則指出，台灣已發展成一個與中國不同的特殊的「台灣身分」。接著布希總統發表支持我國加入GATT的談話，並稱美國此項政策將不受中國的左右，因爲台灣加入GATT是國際問題，並非中國的內政問題。

八月間，李潔明再次來到台北，參加「中華民國與國際新秩序」研討會，並發表專題演講。對兩岸關係，他鼓吹「雙重承認」的概念，並舉德國與葉門的例子，指出在國際組織中有雙重代表，並不構成統一的障礙。他還特別強調台灣應繼續維持足夠的自衛能力，擴大軍事採購，並延續一定的備戰狀態，與美國維持良好關係，才能確保台海的和平與安定。九月六日，他在「亞洲華爾街日報」發表專文，建議在台灣舉行公民投票，以決定是否與中國統一。

必須指出的是，十一月中旬，美國務卿貝克在動身前往北京之前發表專文指出，北京政權已和時代脫節。他寫道：「我們必須知曉中國正處於轉型期。這個跟時代脫節的政權，因爲大肆撻伐和意圖壓制不可壓制的精神而已與我們疏離。」同一時候，布希總統在「亞洲協會」發表演說指出，中共、北韓、緬甸爲亞洲不穩定的根源，因爲這些國家仍堅持社會主義，抗拒民主大潮流，並且導致危險性武器之擴散。

最近（十二月七日），繼李潔明之後，白樂崎主席應紐約台灣商會之邀，以「美台關係的新展望」爲題發表演說指出：「兩岸目前殊無統一的可能，因爲兩岸人民存有相當大的鴻溝。他們的世界觀不同，反映他們在意識形態、政治、社會及經濟等各方面的巨大差異，這使兩岸的統一愈爲不可能。」他特別提到台灣的經濟實力已獲全球的承認，而目前台灣也正改變其政治結構，俾使其政權更具民主的正當性。因之，隨著台灣民主化的完成，其國際地位應獲得尊重。

綜觀上述美國政要的言論，我們可以發現，美國對台政策已轉趨堅定積極。這些政要們的說法反映出在世界新秩序中，台灣地位受到國際肯定的程度正愈來愈增加。共黨世界已告瓦解，蘇聯正面臨解體，整個世界的秩序正在重整之中，而美國對中共的政策勢必重新評估，台灣在亞洲的角色日愈受到重視，整個世局正朝著對我有利的方向在轉變。我們應好好掌握這個良機，開拓國家的新機。

最後要指出的是，一個國家的人權狀況會影響其在國際社會中的聲譽與地位。在人權與民主潮流正席捲全球的時候，我國要贏得國際的尊重，必須力爭上游，使我國對人權的保障達到國際標準。海外「黑名單」的存在顯然是我國人權上的汚點。因此，筆者呼籲政府立刻廢除「黑名單」，以爭取國際間對我之支持，因爲國際的支持才是我國安全最可靠的保證。

民衆日報　一九九一・十二・十四

漫談夭折的蘇聯政變

洪鎌德

正當世人滿懷疑懼不安，企盼蘇聯局勢能夠撥雲霧而見青天之際，由莫斯科傳出了政變失敗的消息，從而爲蘇聯這齣政治悲劇轉化爲鬧劇揭幕。接著期待它是以喜劇收尾。這種峰迴路轉的劇變比起懸疑電影的曲折多變，還令人目眩，還引人入勝。的確，蘇聯政情變化之神速、震撼力之強大，可謂舉世無雙。那麼造成宮廷政變失敗與老戈復出的原因究竟是什麼呢？

首先，這是由於葉爾辛所領導的抵抗勢力發揮了眞正「人民權力」的作用，阻擋政變集團竊取政權的「正當性」和「合法性」。葉爾辛及其支持者的俄羅斯加盟共和國之內閣和國會，將那棟白色的國會大廈轉化爲反抗奪權的堡壘，爲數達五萬至十萬的俄羅斯人不畏坦克、軍車、槍砲的重圍，以人鏈、人牆的方式，捍衛其民選的領袖，這是扳回民心最重大的契機。隨後列寧格勒二十萬民衆的示威遊行，聲援葉爾辛，也是激發西伯利亞和頓河流域礦工進行總罷工，以對抗政變集團的原因。更重要的是烏克蘭和哈撒克斯坦兩個重要的加盟共和國之首領宣布不承認政變集團的合法性與命令，使得政變首謀份子，即構成「國家緊急事態處理委員會」的八名成員陷於內訌。總之，此次葉爾辛的膽識、智慧和堅定，和他與叛變份子之不妥協性，是使政變歸於失敗的主導力量。難怪布希總統在記者招待會上讚美葉氏的「勇敢鎮靜和對民主的堅持」。

其次，發動政變集團的首腦，都是近年來經過老戈親自選拔重用的人物，他們每個人的聲望、魅力、幹才無一可與老戈相比。在西方或俄國的社會雖不重引薦提拔的人脈倫理，但他們這種恩將仇報、反目成仇的作風，即使是重利害輕道義的蘇共也無法忍受。在政變之初，蘇共中央委員會聲明要派人直接與號稱臥病中的老戈見面，才能向黨員交代老戈何以去職，便是給政變集團一記狠棍，否認了政權轉移的合法性。此外，軍隊、特務(國安局)、民兵指揮系統中，不乏明大局、重紀律的領導，他們拒絕與陰謀叛逆份子勾搭合作，是阻止政變演成內戰、或街頭流血的主因。

第三、國際輿論的齊聲譴責，和以美國爲首的英、德、法、日、加等拒絕資援、貸款給叛變的新政權，使政變首謀份子爭取國際不干涉的努力徹底失敗。挾海灣戰爭勝利以來的餘威之布希總統，豈肯輕易放棄他戰後國際新秩序的構想？該新構想便建立在美蘇和解之上。是故布希在得悉老戈遭軟禁之後，迅速由緬因州鄉居遄返白宮，親自指揮各種應變措施，包括切斷蘇聯亟需的經援，並設法給葉爾辛及時鼓勵，也與西方列強協調對抗步驟，這證明他危機處理技術之圓熟。作爲自由國家集團的老大，他在海灣危機和今次老戈危機上表現了可圈可點的成績，這對他連選連任有莫大的幫助。導致政變的夭折一項最大的力量，來自於全球人民對合法政權的擁護和對非法奪權的撻伐。在舉世輿論的鞭策之下，蘇聯的人民覺醒了，首謀份子只好企圖搭機潛逃，結果或遭逮捕或畏罪自殺，可謂惡有惡報。

至於此次蘇聯政變成敗所造成的影響，目前尚難估計。可以想見的是復職後的戈巴契夫聲望和權勢必將大減，他要恢復昔日的風光，勢須與葉爾辛攜手合作，進行激進的經濟改革。蘇聯全國性民選總統的選舉可能提早舉行。葉爾辛此番護主有功，國內外的聲勢必凌駕於老戈之上，如果他將來不是出馬與老戈競選聯邦總統，便是擴大俄羅斯共和國與西方商務、外交、文化的直接交往。配合新聯盟條約的簽署，蘇聯九個加盟共和國無異爲主權獨立的九個新國家。而波羅的海三國，阿美尼亞、摩爾達維亞和吉爾吉斯等六國，則會眞正邁向獨立自主之途。

在外交上，渡過此番驚險餘悸猶存的蘇聯領導層，將會加強與西歐、北美和日本的政經關係，增進與中國和東歐的貿易。貫徹由亞太西岸和東南亞撤退的政策，促成柬埔寨和局的早日實現。至於中東和談，莫斯科或無法與美國平起平坐擔任共同主席職務，換言之，原訂十月間召開的中東和會可能要延期召開了。這可便宜了以色列，而對敍利亞、埃及、沙烏地阿拉伯、約旦而言，則顯然不算公平。

一向與台灣關係良好的莫斯科市長和庫頁島總督，曾先後抵台訪問，對促進台蘇貿易和商務的聯繫居功厥偉。他們兩位都是葉爾辛民主改革派的地方大將（還加上列寧格勒市長）。

隨著葉爾辛地位的水漲船高，加上俄羅斯共和國有意擴大與台灣的經貿，我們可以相信此次短命的政變對於台蘇今後的改善關係大有幫助。假使台灣的領導者能決心推動國際經援計畫，給予俄羅斯共和國貨款，則對提升台灣的國際地位大有幫助。

民衆日報 一九九一．八．二十三

中共對蘇聯政變的初步反應

◆洪鎌德

〔編按〕：一九九一年八月發生於蘇聯的和平革命，一夕之間推翻了蘇聯共產黨，共產黨長久把持的黨產與黨營事業，被「政府」沒收，共黨財務的負責人自殺，演變成幾乎無人敢大膽預期到的「政府民營化」結果，實爲台灣要想「黨國資本體制」解體必須深入研究的課題。蘇聯解體之後，包括國民黨秘書長宋楚瑜在內的黨政大員，都說共產必敗，好像說國民黨必勝。其實，國民黨的體制，實是脫胎於共產黨。共黨紛紛下台，應意味著人民對一黨專政的唾棄。國民黨也是一黨獨裁專政啊！

這次蘇聯短命政變一夕之間草草收場，以及戈巴契夫的暴落暴起，對年邁保守的北京領導層眞是一齣喜悲揉雜、愛恨交集的鬧劇。雖然自始至終中共官方表示冷靜、中立、節制、不介入、不評論的立場，再三強調：「蘇聯發生的變化是蘇聯內部的事務。中國政府的一貫立場是，反對干涉別國內政，尊重各國人民自己的選擇。我們希望並相信，蘇聯人民能夠克服困難，自己解決自己的問題，保持政治穩定，實現經濟發展。建立在和平共處、平等互利、睦鄰友好原則基礎上的中蘇關係不會受影響，將繼續得到發展。」但隱藏在這美麗外交詞令的後面，卻絕非這般單純。

不說別的，單就政變爆發的一九九一年八月十九日當天午間，北京中央廣播電台，便在「午間新聞」，引述蘇聯塔斯社當日凌晨發布的「戈巴契夫停止履行總統職務」的電訊。接著晚上七時中央電視台「新聞聯播」節目，一反過去報導內政第一、外事第二的慣例，在報導李鵬接見兩批外賓之後，緊接著播導老戈下台，和以亞納耶夫爲代總統的「國家緊急狀態委員會」，「將採取最果斷措施使國家和社會儘快擺脫危機」的消息。在整個十九日的新聞報導，由午間至深夜十二點正，新華社播放了五條有關蘇聯政變的電訊，共計一千七百餘字，其內容分別爲：「蘇聯宣布戈巴契夫停止履行總統職務」、「蘇聯宣布國家緊急狀態委員會人員組成」、「蘇聯國家緊急狀態委員會發表『告蘇聯人民書』」、「亞納耶夫發表致各國領導人書」（以上兩項只簡要摘錄）、「蘇聯緊急狀態委員會第一號命令十六點內容的摘要」。

以中共對外國政變、或緊急狀態的消息向來持謹慎、緩慢、簡短的處理方式來看，此次有關蘇聯政變的迅速報導，不難反映北京領導，見獵心喜、額手稱慶的一斑。且不說中共年邁的執政者對老戈修憲放棄共黨一黨專政、引進包括強悍反對勢力的多黨政治、允許權力由中央下放地方、倡導市場經濟削弱中央統制經濟，向西方資本主義國家靠攏乞憐的種種「敗德醜行」，單單讓東歐社會主義國家擺脫了共產主義的陣營，而擁抱西方資本主義一事，老戈早便在中共高幹傳閱的嚴密內部文件中，被列入世界共產主義運動的「叛徒」。中共領導期待他的早日垮台的熾熱心態，是不難想知。

中共高層便耳聞老戈地位不穩，隨時有被拉下台的可能。但他們沒有想到政變會提早兩個月發難。他們總認爲在十月間召開的蘇共大會上，老戈必然會因爲刪除馬克思主義階級鬥爭的黨綱遭到死硬派黨中委的誓死反抗，也必然經改失敗和新聯盟條約，造成蘇聯單一性聯邦的解體，而被逼下台，不料情勢的發展，使蘇聯的巨變提早發生。

有跡象顯示，在塔斯社發布政變消息(新加坡、香港、台灣中午十一點)之前，中共領導已透過蘇聯軍方的管道提早幾個小時得悉蘇聯發生巨變。這種推測來自於近月間中蘇共軍方互訪的頻繁密切。原來構成「國家緊急狀態委員會」中八人幫之一前國防部長亞佐夫元帥，對近月間中蘇共愈趨密切的軍事合作扮演了舉足輕重的角色。自從今年中國總理李鵬往訪之後，中蘇軍事合作又更形緊密。今年前半年九名蘇聯軍事代表訪問中共，亞佐夫五次訪問北京，隨後江澤民以中共總書記和中央軍委會主席身分訪蘇，加上八月初解放軍總參謀長遲浩田率團訪蘇一週，爲半年來中共軍事人員訪蘇第六次，除原定與亞佐夫會晤一次之外，復於八月十二日，也即政變發生前一週，應亞佐夫之邀，增加另一次的額外訪談。這是不是意味中蘇共高級軍事人員超乎尋常的特殊關係?也即除了蘇聯軍方有意提供中共新進的科技武器援助之外，尙有涉及雙方邊界穩定、或暗示蘇聯經改惡化、地方分離、政局不安的嚴峻形勢，也可能成爲雙方軍事強人晤談的題目?

此外，就中共外交部發布的中立聲明而言，其中涉及北京「反對干涉別國內政」的「一貫立場」，也是對美、英、法、德、日爲首的西方列強企圖介入干涉的間接批評。中共官方「尊重各國人民自己的選擇」之表白，以及對亞納耶夫在首次記者招待會上，強調緊急狀態委員會是「根據憲法作出的決定」之複述，在在替政變集團的「合憲性」、「合法性」、「正當性」辯護。這正與美國布希總統攻擊政變陰謀者的違反憲法、違逆民意針鋒相對。這點正顯示北京高層是如何地袒護發動政變的保守派份子，其中立的立場令人起疑。

此外，北京的各報在八月廿日，分別刊載國家緊急狀態委員會對葉爾欽的警告，認爲「從今以後蘇聯全境已恢復蘇聯憲法和法律高於一切的原則」，命令他不得採取「不負責任和不明智的步驟。」對於群集俄羅斯白色國會大廈幾十萬反抗奪權示威群衆的抗議活動卻無一報導。中共官方傳媒此番報喜不報憂一反常態的作法，誠如新加坡「聯合早報」時論分析家夏泰寧的說法：「自然會讓人體會這是中共當局對蘇共強硬勢力政變集團的一種認同立場。」因之，中共官方的新聞報導變成了國家的外交表態了。

民衆日報 一九九一・八・二十六

世界共產主義消亡了嗎？

◆洪鎌德

隨著蘇共介入一九九一年八月政變失敗而遭受解散之後，在蘇聯施行了七十四年之久的共產主義遂告覆沒。作爲世界共產主義運動第一號旗手的蘇共之倒戈，正標誌世界範圍內共產主義之沒落。世界性共產主義重心的東移，使得中國、越南、北韓、古巴等國家，成爲二十世紀最後十年正統派共產主義最後的溫床和堡壘。這點與十六世紀宗教大改革之後，羅馬天主教退出西歐新興工業化國家，而移進科技文明較爲落後、民主人權較不發達的南歐、拉美地區，是同樣震撼人心、刷新紀錄、掀開新頁的寰宇性歷史事件。其影響之重大深遠是不難想知的。

一九九○年捷克總統哈維爾應邀赴美訪問，在華盛頓國會山莊參衆聯席會議的演講上，曾綜合一九八九年東歐數國推翻共黨一黨專政，實行自由化和民主化的短暫經驗，因而指出共產主義的式微沒落，其土崩瓦解的迅速，超過人們想像之外，「我們連表示驚訝的時間都沒有！」果然不過一年，作爲全世界推行共產主義當成國策的第一個無產階級的祖國，蘇聯不但解散共黨組織、查封共黨財產、禁止共黨活動，改組共黨報紙、雜誌、及其他傳媒等機構，還進一步重寫蘇聯歷史、重編學校各級教科書，務必將共產主義的意識形態從人們的心腦中連根拔起、徹底清除。

然則，當作世俗化宗教的共產主義，及其僧侶信衆的共產黨人，並不可能在短期間完全消失於宗教情操特別顯著深沈的俄國人及其生息的蘇聯土壤之上。即使是利用蘇聯八月革命，宣布主權獨立、具有分離傾向的不少地方政府，像白俄羅斯、格魯吉亞（喬治亞）、中亞幾個加盟共和國、其政府領導人仍舊是共黨份子。雖然迫於形勢，暫時表態而與當地或中央的蘇共畫清界線，但這不表示他們心目中視共產主義徹底的消亡。更何況爲數一千六百多萬的共產黨員仍散布蘇聯龐大帝國的各個角落，暫時採取觀望態度，準備伺機而起。更何況各級官僚、國營機構中，擁有技術、知識、經驗的共幹，以及軍隊、國安組織中基層的共黨細胞，並未完全清除，一旦蘇聯解體，社會動盪，他們重新攫權復辟的可能性，不是完全沒有。因此，聲明共產主義業已消失，未免陷於武斷，指出世界範圍內的共產主義業已消失，也未免太天眞。比較持平的說法，是隨著東西冷戰的結束，和蘇聯變局的出現，共產主義和其敵對的資產階級之意識形態（廣義的，包括思想體系和制度文化在內）的鬥爭業已告一段落，在這場比賽中，共產主義顯然落敗了。

作爲一個流行的概念，「共產主義」出現在一八三〇年代中期，它一方面指涉當時活動在巴黎工人團體中秘密革命性組織的政治運動，他方面也描繪這些工人社團所追求的目標

——締造一個建立在公有財產之基礎上，公平安樂的社會。馬克思和恩格斯在一八四八年的《共產黨宣言》中，便以追求和實現無產階級的共同利益，作爲推動共產主義運動的目標。

在十九世紀下半葉，「社會主義」和「共產主義」兩詞經常並用，而視爲同義字，儘管社會主義涵蓋面似乎較爲廣泛。隨著一九一七年俄國十月革命，列寧奪權的成功，共產主義成爲以武力推翻資本主義的武裝革命之別稱，遂漸與從事社會改革、透過選舉路線，而和平贏取政權的社會主義分道揚鑣。尤其是在史達林獨裁之下，共產主義代表蘇共一黨專政，藉恐怖鎮壓手段控制國內人民，也強迫蘇聯境外的各國共黨俯首接受克里姆林宮的監控和操縱。

史達林的暴政不但引起世界反共者的抨擊，也遭致馬克思主義者的批評。南斯拉夫狄托政權的脫離共黨陣營、中俄共的分裂、西方馬克思主義與東歐馬克思主義流派，以及，歐洲共產主義的倡說人道主義，都是對史達林極權體制的反叛和抗議，也是世界性共產主義分裂和式微的徵兆。

在馬克思心目中，共產主義乃是理想社會的通稱，這是一個克服分工、異化、消除階級對立和剝削的眞正共同體，也是每個人能夠成全自我、實現自由、創造歷史的和樂社會。未來無階級、無剝削的社會之實現，要經過兩個階段，第一個階段稱做社會主義，第二個階段才稱爲共產主義。在第一個階段中，人們各盡所能、各取所需，在這一意義下，不管是蘇聯、中國、還是古巴等曾經是，或現在仍受控於共產黨的國家，都無法聲稱進入共產主義時期，就是他們所推行的社會主義，仍舊是初階而已。爲了有別於其他社會主義「兄弟國」變相的社會主義(「修正主義」、「民主社會主義」等等),中共還刻意標榜其所推行的是帶有「中國特色的社會主義」。

因此,在概括性地宣稱世界共產主義趨向式微之前,有必要澄清共產主義、社會主義、馬克思主義、列寧主義(馬列主義)、毛澤東思想等等的必要。很明顯地作爲共產主義正統主流的馬列主義在蘇聯是沒落了,作爲與蘇聯馬克思主義大別苗頭的具有中國特色的社會主義,包括毛澤東思想勢必堅守其東方堡壘負嵎頑抗。馬克思主義則退據在西方學術界孤島上發揮其對知識分子吸引和痲痺的鴉片作用。第三世界激進的反叛者,則會從列寧主義和毛澤東思想中吸取教訓和營養。因此,斷言共產主義已消失於世界論壇,未免是天眞、草率的說法。

民衆日報　一九九一・十・二

目前投資蘇聯風險仍大

◆洪鎌德

蘇聯中央銀行行長葛拉成柯於一九九一年十月十七日抵台訪問四天，隨行的有蘇聯經貿官員專家十人。表面上，葛氏訪台是參加蘇聯官方經貿單位駐台辦事處的歐亞瑞公司成立典禮，實質上則為向台灣當局要求經援，並擴大台蘇商務、貿易關係，更重要的則是向台商宣傳在蘇聯投資的益處，企圖為資金嚴重短缺的蘇聯注入新血。

儘管一九八七年以來，蘇聯已引進自由的市場經濟制度，也由國家制訂一套保障外人權益的投資法，但由於立法的界定不夠完整嚴謹，加上這四年來政局的震盪，特別是兩個月前引發的政變、反政變、各加盟共和國主權高漲，整個紅色帝國瀕臨分崩離析的惡劣政、經、社會情勢，使外人投資蘇聯的風險劇增，不利外資引進的氣候迄未改善。

加上，蘇聯投資立法牛步化，無法與經濟改革和社會變遷同步趨前，造成投資環境的不平衡。顯然蘇聯中央政府需要充分的時間來制訂法規，俾規範在其境內進行的國際商務。為此，在俄境上的外商，在與俄人進行商務、投資的交易時，還得分散注意力於其他交易條件之上，例如交易習慣、俄商的信用、官僚的阻擾、法律的漏洞等等。

過去幾十年間，蘇聯並無有關在其境內運作的外資管理法律。今日蘇聯已允許兩類外資的存在，其一爲合資經營、另一爲外國獨資操作。後者是戈巴契夫總統去年所簽署的外人獨資管理法律，允許外人擁有蘇聯境內公司百分之一百的產權。

爲了營造更佳的投資環境，蘇聯政府一方面貶抑盧布價値，他方面讓外國公司得以收回合法利潤。在今年年初前任聯盟總理帕夫洛夫引進新的投資法案。使外商得享優惠稅率，並保證其開設之廠商不致遭到「國有化」（充公）的厄運。

可是在蘇聯投資困難和風險仍高。這包括對資源產權所引發的爭議、盧布無從兌換成外幣、蘇聯企業資訊材料的缺乏、經貿、金融、運輸、通訊等基本設施的貧缺、決策上下階層次缺清楚界定等等。

隨著一九八九年蘇聯政府的改組，以及一九九〇年的更新，很多蘇聯部會已告取消，其責任和管轄也告減縮，導致獨立的私營企業之崛起和發達。但是這些新興的企業組織的法律地位和財政地位並未確定，儘管它們對西方的投資者具有很大的吸引力。

至今正式登記的合資企業多達三千五百個，其中只有五分之一的企業資金是確定的。這些合資企業多數設於莫斯科與聖彼得堡（列寧格勒），規模也很小。三分之二的企業之資金不足一百萬盧布。

在去年登記的合資企業中，投資的外商之比例爲：來自西歐佔五十八%、美國十七%、東歐十三%、發展地區佔十二%。新的合資企業之特色爲高回收率和低投資額。

合資企業佔外資企業很低的比例，它又遭逢原料供給的困難，特別是由外國市場運來的原料，遷延時日、阻礙重重。蘇聯人付款延宕也使合資和輸出受到影響。特別是西方銀行不肯提供擔保和國際金融的欠缺穩定，都是造成合資企業不易經營的主因。此外，蘇方與外方對企業追求的目標意見紛岐、經營與合作方式迥異，也使合資企業成長緩慢。

自一九八七年至今，外資在蘇聯已投下三十億美元之譜。其中美國佔兩億八千八百萬美元、德國兩億八千四百萬美元、意大利兩億七千九百萬美元、法國兩億四千四百萬美元。

蘇聯吸引外資的部門爲農業、電子業、旅館、餐館業、礦業、污染控制和旅遊業。最近大力推動的則爲能源開發，特別是由於石油生產量已大降，使得蘇聯政府急於尋找外資合力將三千個油田（至今只有一千三百個開採中）加以開發改善。包括日、韓、美在內的十五個國家，正在商討如何開發裏海、西伯利亞、庫頁島的油田。美國輸入外油最大公司的Chevron正在考慮一項一百七十六億美元開採裏海油田的合資計畫。該計畫一旦成功，合資採油（稱做Sovchevroil）將獲得二十五年獨家採油的權利，爲美蘇合資經營立下新的里程碑。

由於蘇聯目前局勢動盪、政治危機伴隨經濟紊亂和社會擾攘俱來，因此，西方投資家多半裹足不前，採取長期看好的瞻望心態。

顯然蘇聯目前的困難需要長時間來解決，但鑒於該龐大國度的自然資源豐盛、受良好教育與訓練的勞工爲數可觀，因之，蘇聯經濟的擴展是指日可待的。外國廠商目前可做的是尋求建立商務據點與聯繫關係，瞭解蘇聯複雜的法規制度，等候蘇聯國內市場茁壯之後，便可以放心前往俄境進行投資、商務等活動。

民衆日報 一九九一・十一・二

W020	台獨，是一生的堅持	王美綉編／　元

■新台灣文庫（林衡哲、張富美、陳芳明編）

T001	現代音樂大師（江文也的生平與作品）	林衡哲編／200元
T002	無花果（台灣七十年的回想）	吳濁流著／220元
T003	自由的滋味（彭明敏回憶錄）	彭明敏著／180元
T004	台灣出土人物誌（被埋沒的台灣文藝作家）	謝里法著／250元
T005	台灣意識論戰選集（台灣結與中國結的總決算）	施敏輝編／220元
T006	黃武東回憶錄（台灣長老教會發展史）	黃武東著／220元
T007	楊逵的文學生涯（先驅先覺的台灣良心）	陳芳明編／270元
T008	郭雨新紀念文集（台灣民主傳教士）	郭惠娜‧林衡哲編／200元
T009	四十五自述（我的文學歷程）	張良澤著／350元
T010	台灣問題討論集（台灣現代與台灣前途）	張富美編／290元
T011	台灣連翹（台灣的歷史見證）	吳濁流著／160元
T012	台灣人的醜陋面（台灣人的自我檢討）	李　喬著／150元
T013	拯救台灣人的心靈（台灣社會人心的病症）	陳永興著／140元
T014	二二八事件學術論文集（台灣人國殤事件的歷史回顧）	陳芳明編／200元
T015	離出台灣文化之夢（一個文化醫師的心路歷程）	林衡哲著／350元
T016	吳新榮回憶錄（清白交代的台灣人家族史）	吳新榮著/精裝250元‧平裝220元
T017	許曹德回憶錄（一個台灣人的成長史）	許曹德著／400元
T018	浪淘沙（上中下三冊）	東方白著/精裝1500元‧平裝1400元
T019	去國懷鄉（林義雄遊學雜記）	林義雄著／350元
T020	謝雪紅評傳（落土不凋的雨夜花）	陳芳明著／精裝500元‧平裝450元
T021	許信良言論選集（附鍾碧霞隨夫波折十八載）	許信良‧鍾碧霞著／250元
T022	歷坳歸來話半生（一個台灣人醫學教授的自傳）	鄭翼宗著／400元
T023	噶瑪蘭的燭光（陳五福醫師傳）	曹永洋著／400元
T024	台灣文學兩地書	鍾肇政、東方白著‧張良澤編／260元
T025	陳逸松回憶錄（日據時代篇）	林忠勝撰／300元
T026	朱昭陽回憶錄（風雨延平出清流）	林忠勝撰／200元

J028	台灣茶文化之旅	張明雄著／200元
J029	天地人神鬼	姑娘廟民衆文化工作室編／250元
J030	磺溪一完人：賴和	磺溪文化學會・李篤恭編／200元
J031	台籍老兵的血淚恨	許昭榮著／550元
J032	漂流者之夜	秋津信著／220元
J033	辛酸六十年(下)	鍾逸人著／420元
J034	台灣開發與族群	簡炯仁著／380元

■台灣風雲系列

W001	菅芒離土(郭倍宏傳奇)	林文義著／200元
W002	行出新台灣	王美雲編／150元
W003	台灣新憲法論	許世楷著／200元
W004	破繭的台灣	許陽明編／150元
W005	打開天窗說亮話(吳錦發論政治)	吳錦發著／200元
W006	建國路上死與生	陳婉眞等著／200元
W007	七論反對黨	朱養民著／160元
W008	府城觀察	楊澤泉著／150元
W009	陳婉眞和她的兄弟們	陳婉眞等著／300元
W010	囚室之春	施明德著／150元
W011	外省人台灣心	外獨會編／180元
W012	政客伸寃	桂菊陽著／150元
W013	海外遊子台獨夢	莊秋雄著／200元
W014	當前台灣獨立建國的課題	張德水著／120元
W015	永遠的戰士(郭倍宏、李應元土城書簡)	林又新編／280元
W016	定根台灣陳唐山	陳唐山著／150元
W017	台灣獨立黨回歸祖國	許世楷著／120元
W018	鐵窗筆墨	江蓋世著／200元
W019	安安靜靜很大聲	林雙不著／200元

■台灣文史叢書

J001	1947台灣二二八革命	陳婉眞等著／250元
J002	台灣二月革命(附官方說法)	林木順編／170元
J003	憤怒的台灣	莊嘉農著／160元
J004	日據時代台灣共產黨史	盧修一著／180元
J005	李應元的挑戰	邱國禎、陳銘城編／150元
J006	受難者(楊逸舟自傳)	楊逸舟著、張良澤譯／120元
J007	台灣・國家的條件	黃文雄著／160元
J008	二二八民變	楊逸舟著、張良澤譯／130元
J009	被出賣的台灣(全譯本)	柯喬治著／300元
J010	啊！黑名單	陳婉眞著／160元
J011	泰源風雲(政治犯監獄革命事件)	高金郎著／120元
J012	扶桑書劍記	黃英哲著／130元
J013	台灣・爆發力的秘密	黃昭堂著／110元
J014	一個台灣老朽作家的50年代	葉石濤著／170元
J015	島戀(台灣史詩)	劉輝雄著／300元
J016	台灣就是台灣(台灣國關中心企劃出版)	柯邁政、鄧津華編／250元
J017	孤寂煎熬四十五年(尋找二二八失踪的爸爸阮朝日)	阮美姝著／320元
J018	幽暗角落的泣聲(尋訪二二八散落的遺族)	阮美姝著／280元
J019	台灣起革命的日子	鈴木明著／200元
J020	激動！台灣的歷史(台灣人的自國認識)	張德水著／270元
J021	台灣不是中國的一部分(台灣社會發展四百年史)	史　明著／400元
J022	蔣渭水傳(台灣的先知先覺者)	黃煌雄著／230元
J023	台灣抗日史話	黃煌雄著／170元
J024	台灣人的價值觀	黃文雄著／250元
J025	台灣人教材	張國興著／220元
J026	辛酸六十年(上)	鍾逸人著／560元
J027	台灣總督府	黃昭堂著／250元

解析經濟壟斷

企　　劃：台灣教授協會
主　　編：張清溪
出 版 者：前衛出版社
地址／台北市和平東路一段200號10樓
電話／02-3650091
傳眞／02-3679041
郵撥／05625551前衛出版社
登記證／局版台業字第2746號
發 行 人：林文欽
法律顧問：謝長廷・汪紹銘律師
印 刷 所：松霖彩色印刷公司
出版日期：1993年4月初版第一刷
1995年7月初版第二刷
定　　價：160元　　ISBN：957-8994-03-6(平裝)